イラスト学問図鑑

KODOMO PSYCHOLOGY

こども心理学

監修
小塩真司
（早稲田大学）

KODANSHA

はじめに

――小《お》塩《しお》真《あつ》司《し》

みなさんは「こころ」について、どのようなイメージをもつでしょうか。自分《じぶん》のこころだけでなく友《とも》だちのこころ、先生《せんせい》やお父《とう》さん、お母《かあ》さんのこころ、それからペットのこころについてはどうでしょう。こころの中身《なかみ》が手《て》に取《と》るようにわかったらいいな、と思《おも》うことはあるでしょうか。もしもこころの中身《なかみ》が手《て》に取《と》るようにわかったとしたら、便利《べんり》かもしれません。

でも実際《じっさい》のところ、こころとは何《なん》なのでしょうか。こころはどのような場面《ばめん》でどのように働《はたら》くのか、どのように形作《かたちづく》られ、何《なに》から影響《えいきょう》を受《う》けてどのように変化《へんか》するのか、子《こ》どもと大人《おとな》のこころは何《なに》が違《ちが》うのかなど、わからないことがたくさんあるのです。

心理学《しんりがく》とは、おもに科学《かがく》という研究方法《けんきゅうほうほう》を使《つか》いながら、こころとは何《なに》かという問題《もんだい》を明《あき》らかにしようと試《こころ》みる学問《がくもん》です。ただし、心理学《しんりがく》では科学的《かがくてき》な研究《けんきゅう》だけではなく、1人《ひとり》の人《ひと》をじっくり理解《りかい》する研究《けんきゅう》や、昔《むかし》の文献《ぶんけん》を丁寧《ていねい》に読《よ》み進《すす》めるような研究《けんきゅう》

も行《おこな》われています。こころは目《め》に見《み》えません。しかし、見《み》えないこころを明《あき》らかにしていくために、あれこれと工夫《くふう》をしながら研究《けんきゅう》してきたのが、心理学《しんりがく》という学問《がくもん》の歴史《れきし》です。

さて、そもそも「こころとは何《なん》だろう」と考《かんが》えることも、こころの働《はたら》きです。しかし、こころは直接目《ちょくせつめ》にすることはできませんので、いろいろなヒントからその働《はたら》きを想像《そうぞう》するしかありません。私《わたし》たちにとって身近《みじか》な「こころ」も、このように考《かんが》えると、とても不確《ふたし》かでよくわからないものだということが理解《りかい》できます。私《わたし》たちは、自分《じぶん》のなかにあるこころのことをわかっているようで、意外《いがい》とよくわかっていないのです。

とにかく、人間《にんげん》の活動《かつどう》であれば、どのようなことであっても研究《けんきゅう》の対象《たいしょう》となるのが、心理学《しんりがく》という学問《がくもん》です。心理学《しんりがく》の研究《けんきゅう》で明《あき》らかにされることは、私《わたし》たちの生活《せいかつ》にも広《ひろ》くかかわってきます。そして、心理学《しんりがく》について知《し》ることは、私《わたし》たち自身《じしん》について理解《りかい》を深《ふか》めることも意味《いみ》しています。この本《ほん》に出《で》てくるトピックを読《よ》み進《すす》めるなかで、楽《たの》しみながらこころの働《はたら》きのパターンを知《し》って、うまく活用《かつよう》していきましょう。

もくじ

第《だい》1章《しょう》 人《ひと》付《づ》き合《あ》いがうまくなる心理学《しんりがく》

第《だい》2章《しょう》 自分《じぶん》と相手《あいて》のことがわかる心理学《しんりがく》

第《だい》3章《しょう》 勉強《べんきょう》のやる気《き》が出《で》てくる心理学《しんりがく》

第《だい》4章《しょう》 人間《にんげん》の怖《こわ》いクセがわかる心《しん》理《り》学《がく》

第《だい》5章《しょう》 幸《しあわ》せになるための心《しん》理《り》学《がく》

心理学《しんりがく》って何《なに》？

——小塩真司《おしおあつし》

心理学《しんりがく》と聞《き》くと、よくわからない、不思議《ふしぎ》な「術《じゅつ》」を使《つか》うものかのように思《おも》うかもしれません。しかし、心理学《しんりがく》の研究《けんきゅう》は不思議《ふしぎ》なテクニックを使《つか》うわけではありません。

心理学《しんりがく》でよく使《つか》われる研究方法《けんきゅうほうほう》の1つは、実験《じっけん》です。実験《じっけん》というと、理科《りか》の実験《じっけん》を思《おも》い浮《う》かべるかもしれません。2つのコップを用意《ようい》して、片方《かたほう》には熱《あつ》いお湯《ゆ》、もう片方《かたほう》には冷《つめ》たい水《みず》を同《おな》じ量《りょう》入《い》れます。どちらのコップに多《おお》くの砂糖《さとう》が溶《と》けるでしょうか。もちろん、熱《あつ》いお湯《ゆ》に多《おお》く溶《と》けることになるでしょう。心理学《しんりがく》も同《おな》じような実験《じっけん》をします。

さて、暖《あたた》かい教室《きょうしつ》と寒《さむ》い教室《きょうしつ》を用意《ようい》しましょう。それぞれの教室《きょうしつ》の中《なか》で、同《おな》じ学年《がくねん》の小学生《しょうがくせい》たちに、同《おな》じ授業《じゅぎょう》を受《う》けてもらいます。そして、同《おな》じテストを受《う》けてもらいましょう。どちらの教室《きょうしつ》の生徒《せいと》たちの方《ほう》が、テストの成績《せいせき》がよいでしょうか。もしも暖《あたた》かい教室《きょうしつ》で授業《じゅぎょう》を受《う》けた生徒《せいと》たちの方《ほう》がテストの成績《せいせき》がよかったとしたら、教室《きょうしつ》の暖《あたた》かさが授業《じゅぎょう》の理解《りかい》や勉強《べんきょう》の効率《こうりつ》に

06

よい影響《えいきょう》を与《あた》えたと結論《けつろん》を下《くだ》してもよいのでしょうか。

　この実験《じっけん》は、２つの条件《じょうけん》を比較《ひかく》しようとしています。しかし、お湯《ゆ》や水《みず》に砂糖《さとう》を溶《と》かす実験《じっけん》とは違《ちが》って、人間《にんげん》を対象《たいしょう》に実験《じっけん》をおこなっていく場合《ばあい》にはいろいろなことを考《かんが》えていく必要《ひつよう》があることに気《き》づくのではないでしょうか。たとえば、２つの教室《きょうしつ》にいる生徒《せいと》たちは、最初《さいしょ》から同《おな》じような学力《がくりょく》なのでしょうか。暖《あたた》かい教室《きょうしつ》で学《まな》んだ生徒《せいと》たちの方《ほう》が、もともと成績《せいせき》がよかったという可能性《かのうせい》はないでしょうか。また、同《おな》じ授業《じゅぎょう》を受《う》けてはいるのですが、違《ちが》う先生《せんせい》が授業《じゅぎょう》をしていたらどうでしょう。同《おな》じ先生《せんせい》が授業《じゅぎょう》をしても、同《おな》じ授業《じゅぎょう》を繰《く》り返《かえ》すと、あとに授業《じゅぎょう》をしたときの方《ほう》が教《おし》え方《かた》が上手《じょうず》になっているかもしれません。研究《けんきゅう》ではこういったことをあれこれと考《かんが》えながら、心理学《しんりがく》の実験《じっけん》というものを組《く》み立《た》てていきます。

　心理学《しんりがく》では他《ほか》にも、アンケート調査《ちょうさ》や観察《かんさつ》、面接《めんせつ》など、多《おお》くの研究方法《けんきゅうほうほう》を使《つか》います。それぞれの研究方法《けんきゅうほうほう》でも考《かんが》えるべきことはさまざまであり、より確《たし》かな研究方法《けんきゅうほうほう》の工夫《くふう》をしながら研《けん》究《きゅう》を進《すす》めているのです。

この本《ほん》のキャラクター

返《へん》事《じ》はあれで
よかったかな
きらわれて
ないかな

気《き》にしすぎ マレーグマ
Sensitive Sunbear

第《だい》1章《しょう》

人《ひと》付《づ》き合《あ》いがうまくなる心《しん》理《り》学《がく》

どうやって好《す》きになる？

何度《なんど》も
見《み》ていると
だんだん
だんだん
好《す》きになる。

クマにんきNO.1《ナンバーワン》になるには…
好《す》きな「クマ」は？
1
2
3
4
マレーグマ
ヒグマ
パンダ
ホッキョクグマ

よく見《み》る人《ひと》やものほど好《す》きに!

みなさんは、知《し》らない人《ひと》よりも、知《し》っている人《ひと》に親《した》しみを感《かん》じるのではないでしょうか？ 「知《し》らない人《ひと》より、仲《なか》のいい人《ひと》のほうが好《す》きだと思《おも》うのは当《あ》たり前《まえ》だよ」と思《おも》った人《ひと》もいるかもしれません。しかし、心理学《しんりがく》では、知《し》らない人《ひと》だとしても、**「よく見《み》ていたり、よく聞《き》いていたりしている人《ひと》(もの)のほうに親《した》しみがわく」**ということがわかっています。これを**単純接触効果《たんじゅんせっしょくこうか》**と呼《よ》びます。

心理学者《しんりがくしゃ》のザイアンスは、実験《じっけん》の参加者《さんかしゃ》である**被験者《ひけんしゃ》**に、見《み》知《し》らぬ人《ひと》たちの顔写真《かおじゃしん》を何度《なんど》も見《み》せました。その結果《けっか》、見《み》せる回数《かいすう》が多《おお》かった顔写真《かおじゃしん》ほど、好感度《こうかんど》が高《たか》まりました。この反応《はんのう》は人間《にんげん》だけではありません。ネズミに異《こと》なる作曲家《さっきょくか》の音楽《おんがく》を繰《く》り返《かえ》し聞《き》かせたところ、ネズミは繰《く》り返《かえ》し聞《き》いていたほうの作曲家《さっきょくか》の音楽《おんがく》を好《この》むようになったという実験結果《じっけんけっか》もあります。

テレビCM《シーエム》や広告《こうこく》を何度《なんど》も見《み》ているうちに、だんだんその商品《しょうひん》が欲《ほ》しくなってきたことはありませんか？ これも単純接触効果《たんじゅんせっしょくこうか》です。みなさんも「誰《だれ》かに好《す》かれたい」と思《おも》ったら、その人《ひと》の近《ちか》くにいるようにするといいかもしれません。

語 **単純接触効果《たんじゅんせっしょくこうか》**

人 **ロバート・ザイアンス**

単純接触効果《たんじゅんせっしょくこうか》は、すでに十分《じゅうぶん》に知《し》っている相手《あいて》にはあまり効果《こうか》がないみたい……。
この効果《こうか》を試《ため》す場合《ばあい》は、初対面《しょたいめん》の人《ひと》やあまり親《した》しくない人《ひと》にしよっと。

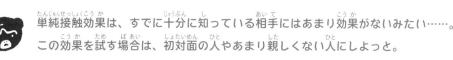

恋《こい》と恐怖《きょうふ》は似《に》ている？

きょうつう
てんは
ムネの
ドキドキ

「こわい」のドキドキを「恋《こい》」のドキドキとカンチガイしてしまう！

ドキドキは恋《こい》の予感《よかん》!?

好《す》きな人《ひと》が近《ちか》づいてきたり、近《ちか》くにいたりしてドキドキしたという経験《けいけん》をしたことがある人《ひと》は多《おお》いと思《おも》います。

吊《つ》り橋《ばし》効果《こうか》とは、吊《つ》り橋《ばし》を渡《わた》っているときなど、不安《ふあん》や興奮《こうふん》で心拍数《しんぱくすう》が上《あ》がったときに異性《いせい》が近《ちか》くにいると、そのドキドキを「恋《こい》のドキドキ」と勘違《かんちが》いしてしまうという心理《しんり》効果《こうか》です。

恋愛感情《れんあいかんじょう》の場合《ばあい》は、まずは好《す》きな人《ひと》ができて、そのあとに心《しん》臓《ぞう》がドキドキしてくるという順番《じゅんばん》です。吊《つ》り橋《ばし》効果《こうか》の場合《ばあい》は逆《ぎゃく》で、こわさや不安《ふあん》、緊張《きんちょう》や興奮《こうふん》などで心臓《しんぞう》がドキドキすると、その心臓《しんぞう》の高鳴《たかな》りを、人《ひと》を好《す》きになったときのドキドキと勘違《かんちが》いしてしまうのです。ただし、吊《つ》り橋《ばし》効果《こうか》は初対面《しょたいめん》の相手《あいて》に対《たい》しては効果的《こうかてき》ですが、すでに知《し》り合《あ》っている相手《あいて》に対《たい》しては、あまり効果《こうか》がないと言《い》われています。

ちなみに、吊《つ》り橋《ばし》効果《こうか》に似《に》た理論《りろん》として**暗闇《くらやみ》効果《こうか》**というものもあります。本当《ほんとう》の真《ま》っ暗闇《くらやみ》では多《おお》くの人《ひと》が不安《ふあん》を感《かん》じ、誰《だれ》かに寄《よ》り添《そ》いたいという欲求《よっきゅう》が高《たか》まるという心理《しんり》効果《こうか》です。また、暗闇《くらやみ》では自分《じぶん》の外見《がいけん》への自信《じしん》のなさも薄《うす》らぐため、見知《みし》らぬ人《ひと》との距離《きょり》も近《ちか》づきやすくなると考《かんが》えられています。

語 **吊《つ》り橋《ばし》効果《こうか》**

人 **ドナルド・ダットン　アーサー・アロン**

花火大会《はなびたいかい》の大《おお》きな音《おと》も吊《つ》り橋効果《ばしこうか》に似《に》た効果《こうか》を持《も》つと考《かんが》えている人《ひと》もいるんだってさ。

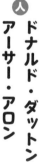

人《ひと》と人《ひと》との距離感《きょりかん》って？

たまに、れつにならんでいるとき、

相手《あいて》によって気持《きも》ちのいい距離《きょり》がある。

だるまさんがころんだ
▶3.5m《メートル》
オハヨーゴザイマス
1.2m《メートル》〜3.5m《メートル》
3.5m《メートル》以上《いじょう》
▶45cm《センチ》
▶1.2m《メートル》
45cm《センチ》〜1.2m《メートル》
45cm《センチ》以内《いない》

自《じ》分《ぶん》だけの空間《くうかん》がある！

やたら
ちかいひと
いるよね

みなさんのなかには、満員《まんいん》の電車《でんしゃ》やバスに乗《の》って不愉快《ふゆかい》に感《かん》じた経験《けいけん》がある人《ひと》も多《おお》いのではないでしょうか？　電《でん》車《しゃ》やバスの中《なか》では、ほかの乗客《じょうきゃく》との間《あいだ》にある程度《ていど》の距離《きょり》があったほうが、ストレスは少《すく》ないものです。

こうした、**他人《たにん》に近《ちか》づかれると不快《ふかい》に感《かん》じる空間《くうかん》や距離《きょり》のことをパーソナルスペースといいます。**人《ひと》には、見知《みし》らぬ人《ひと》が自《じ》分《ぶん》のパーソナルスペースに侵入《しんにゅう》してこないように、無意識《むいしき》のうちに他人《たにん》との距離《きょり》を保《たも》とうとする性質《せいしつ》があるのです。

アメリカの文化人類学者《ぶんかじんるいがくしゃ》ホールは、このパーソナルスペースを、家族《かぞく》や恋人《こいびと》などごく親《した》しい人《ひと》だけが近《ちか》づける**密接距離《みっせつきょり》**（〜45cm《センチ》）、友人《ゆうじん》などある程度親《ていどした》しい人《ひと》が近《ちか》づける**個体距離《こたいきょり》**（45cm《センチ》〜120cm《センチ》）、生徒《せいと》と先生《せんせい》といった公的《こうてき》な関係《かんけい》の人《ひと》が近《ちか》づける**社会距離《しゃかいきょり》**（120cm《センチ》〜350cm《センチ》）、見知《みし》らぬ人《ひと》でも近《ちか》づける**公衆距離《こうしゅうきょり》**（350cm《センチ》〜750cm《センチ》）という4つに分類《ぶんるい》しました。

ただし、パーソナルスペースは文化《ぶんか》や国《くに》、性別《せいべつ》や個人《こじん》の性格《せいかく》によって違《ちが》うため、この4つの分類《ぶんるい》は、いつでも、誰《だれ》にでも当《あ》てはまるというわけではありません。

語 パーソナルスペース　**人 エドワード・ホール**

京都《きょうと》の鴨川《かもがわ》はカップルが等間隔《とうかんかく》で座《すわ》っている姿《すがた》が見《み》られることで有名《ゆうめい》。これはパーソナルスペースを保《たも》つためで、「鴨川等間隔《かもがわとうかんかく》の法則《ほうそく》」と呼《よ》ばれているんだって。

頼《たの》み方《かた》が大切《たいせつ》？

たのまれるとことわれないんだよな…

話《はなし》の流《なが》れでついつい説得《せっとく》させられちゃう。

これも一緒《いっしょ》に持《も》っていってくれる？
OK《オーケー》

これもあった！お願《ねが》い！
う、うん

ついでにこれとこれもいいよね？

頼《たの》む順番《じゅんばん》を考《かんが》えよう！

テ、テクニック
つかわれてたんかい

心《しん》理学《りがく》には有名《ゆうめい》な3つの説得《せっとく》の理論《りろん》があります。フット・イン・ザ・ドアは、**まずは相手《あいて》に小《ちい》さな要求《ようきゅう》を受《う》け入《い》れてもらったあと、もともと受《う》け入《い》れてほしいと思《おも》っていた大《おお》きな要求《ようきゅう》をすることで、受《う》け入《い》れてもらえる可能性《かのうせい》を高《たか》める説得《せっとく》方法《ほうほう》**のこと。たとえば、友《とも》だちに「10円《えん》貸《か》して」と言《い》われると、「10円《えん》ぐらいならいいか」と思《おも》う人《ひと》は多《おお》いはずです。そして、別《べつ》の日《ひ》に「20円《えん》貸《か》して」「50円《えん》貸《か》して」「100円《えん》貸《か》して」などと少《すこ》しずつ要求《ようきゅう》を引《ひ》き上《あ》げられると、貸《か》すほうは「前《まえ》も貸《か》したからいいか」と、お金《かね》を貸《か》すことへのためらいがなくなっていきます。

これは、最初《さいしょ》から最後《さいご》まで自分《じぶん》の態度《たいど》や言葉《ことば》、行動《こうどう》に「一貫性《いっかんせい》を持《も》ちたい」という心理《しんり》（一貫性《いっかんせい》の原理《げんり》）から生《う》まれる現象《げんしょう》です。

一方《いっぽう》、ドア・イン・ザ・フェイスという説得方法《せっとくほうほう》は、**最初《さいしょ》に相手《あいて》が断《ことわ》るであろう「大《おお》きな要求《ようきゅう》」をして、断《ことわ》ったという罪悪《ざいあく》感《かん》を相手《あいて》に抱《いだ》かせることで、「小《ちい》さな要求《ようきゅう》」を受《う》け入《い》れさせる**というもの。また、**最初《さいしょ》に好条件《こうじょうけん》を提示《ていじ》して相手《あいて》に受《う》け入《い》れさせたあと、悪《わる》い条件《じょうけん》を追加《ついか》して本来《ほんらい》の要求《ようきゅう》を受《う》け入《い》れさせるローボール・テクニック**という説得方法《せっとくほうほう》もあります。

語　説得《せっとく》

人　スコット・フレーザー　ジョナサン・フリードマンなど

これらは商品《しょうひん》を売《う》る人《ひと》たちが日常的《にちじょうてき》に使《つか》っているテクニックなんだって。

すごい人《ひと》は全部《ぜんぶ》すごい？

みんなはぼくのこと、どうおもってるって、

よい特徴《とくちょう》や
個性《こせい》が
あると
それに
引《ひ》きずられて
ぜ〜んぶ
よく見《み》える。

ハナザワヒカルです
よろしくお願《ねが》いします
やさしそう
サッカーうまそう
英語《えいご》ペラペラそう

思《おも》い込《こ》みが過大評価《かだいひょうか》を招《まね》く！

「やさしそう」って…
それだけ？

ハロー効果《こうか》とは、**ある1つのよい特徴《とくちょう》に影響《えいきょう》されて、それ以外《いがい》のことも高《たか》く評価《ひょうか》してしまいがちになる心理《しんり》**のこと。「あの人《ひと》は見《み》た目《め》がかっこいいから、きっと頭《あたま》も運動神経《うんどうしんけい》もいいはず」などと思《おも》い込《こ》んで、実《じつ》はそうでもなかった……なんて経験《けいけん》はありませんか？　人気《にんき》タレントやスポーツ選手《せんしゅ》が出《で》る広告《こうこく》は、ハロー効果《こうか》を使《つか》った身近《みぢか》な例《れい》です。好《す》きな有名人《ゆうめいじん》がCM《シーエム》に出《で》ていると、その商品《しょうひん》や企業《きぎょう》にまで好感《こうかん》を抱《いだ》くようになります。

反対《はんたい》に、**1つの悪《わる》い特徴《とくちょう》が、それ以外《いがい》の部分《ぶぶん》の評価《ひょうか》を落《お》としてしまうことをホーン効果《こうか》といいます。**たとえば、たまたま汚《よご》れた服《ふく》を着《き》ていただけで、まわりの人《ひと》たちに「暗《くら》そう」「だらしなさそう」などと、服装《ふくそう》以外《いがい》の人格《じんかく》や生活態度《せいかつたいど》まで悪《わる》いイメージを与《あた》えてしまうなんてことも。

ちなみに、思《おも》い込《こ》みが強《つよ》い人《ひと》ほどハロー効果《こうか》に惑《まど》わされる傾《けい》向《こう》があるとされています。みなさんも人《ひと》やものごとを評価《ひょうか》したり、何《なに》かを選《えら》んだりするときには、「自分《じぶん》の思《おも》い込《こ》みで判断《はんだん》しているだけかもしれない」と、一度《いちど》立《た》ち止《ど》まって考《かんが》えてみるとよいでしょう。

語 **ハロー効果《こうか》**　人 **エドワード・ソーンダイク**

「ハロー」とは聖人《せいじん》の頭上《ずじょう》や背中《せなか》に描《えが》かれる光《ひかり》のことで、ハロー効果《こうか》のことを後光効果《ごこうこうか》や光背効果《こうはいこうか》ともいうよ。また、「ホーン」とは「悪魔《あくま》の角《つの》」という意味《いみ》なんだって。

ハナザワヒカルの正体《しょうたい》
おっと
ぜったいフィギュアスケートやってる…

心理学

性格をつくるのは遺伝と環境がほぼ互角。

かわるぶぶん
と、かわらない
ぶぶんが
ある

理学《りがく》の世界《せかい》では、**人《ひと》の　は「　」と「　」によって決《き》まる**と考《かんが》えられています。そのうち、**遺伝《いでん》の影響《えいきょう》は40〜50%《パーセント》ほどで、環境《かんきょう》の影響《えいきょう》も50%《パーセント》ほど**とされています。

環境《かんきょう》の影響《えいきょう》と聞《き》くと、「やっぱり家庭環境《かていかんきょう》が大事《だいじ》なんだ」と思《おも》う人《ひと》もいるかもしれません。同《おな》じ家庭内《かていない》で育《そだ》てられたきょうだいでも、同《おな》じような性格《せいかく》になるというわけではありません。子《こ》どもは成長《せいちょう》するにつれて、自分《じぶん》で環境《かんきょう》を選《えら》ぶようになります。この段階《だんかい》でできた仲間《なかま》や友人《ゆうじん》との関係《かんけい》が、個人《こじん》の性格《せいかく》の発達《はったつ》や形成《けいせい》に大《おお》きな影響《えいきょう》を与《あた》えます。

とはいえ、家庭環境《かていかんきょう》が個人《こじん》の性格形成《せいかくけいせい》に大《おお》きな影響《えいきょう》を与《あた》えることも事実《じじつ》です。また、保護者《ほごしゃ》が一方的《いっぽうてき》に子《こ》どもに影響《えいきょう》を与《あた》えるだけでなく、子《こ》どもも保護者《ほごしゃ》に影響《えいきょう》を与《あた》えるとも考《かんが》えられています。たとえば、反抗的《はんこうてき》で活発《かっぱつ》な子《こ》に対《たい》しては、保護者《ほごしゃ》は叱《しか》ることが多《おお》くなり、怒《おこ》りっぽい性格《せいかく》になるでしょう。一方《いっぽう》、素直《すなお》でおとなしい子《こ》であれば、保護者《ほごしゃ》が叱《しか》ることは少《すく》なく、穏《おだ》やかな性格《せいかく》になるでしょう。このように、家庭環境《かていかんきょう》そのものも、保護者《ほごしゃ》と子《こ》どもの関係《かんけい》や性格《せいかく》の影響《えいきょう》を受《う》け、つくられていくのです。

性格《せいかく》

「遺伝《いでん》が40〜50％《パーセント》」というとき、親《おや》の特徴《とくちょう》の半分《はんぶん》がそのまま子《こ》どもに引《ひ》き継《つ》がれるわけじゃないよ。両親《りょうしん》の遺伝子《いでんし》が混《ま》ざってまったく新《あたら》しい特徴《とくちょう》になるんだって。

性格にタイプがある?

人《ひと》の性格《せいかく》はタイプ分《わ》けできる。

ざっくりわけたら、
たしかにそう

の人《ひと》は、ああいうタイプだから」と、人《ひと》の性格《せいかく》をパターンで判断《はんだん》したことはありませんか？　**心理学《しんりがく》にもこのように性格《せいかく》をタイプに分《わ》けて考《かんが》えるというものがあります。**

ドイツの精神医学者《せいしんいがくしゃ》クレッチマーは、人《ひと》の性格《せいかく》を（非社交的《ひしゃこうてき》、変《か》わり者《もの》）、（社交的《しゃこうてき》、親切《しんせつ》）、（熱中《ねっちゅう》しやすい、几帳面《きちょうめん》）の3つに分類《ぶんるい》しました。

また、同《おな》じくドイツの心理学者《しんりがくしゃ》シュプランガーは、（真理《しんり》を重視《じゅうし》）、（利益《りえき》を重視《じゅうし》）、（美《び》を重視《じゅうし》）、（神秘《しんぴ》を重視《じゅうし》）、（地位《ちい》を重視《じゅうし》）、（愛情《あいじょう》を重視《じゅうし》）の6つに分類《ぶんるい》しています。

さらに、スイスの精神分析学者《せいしんぶんせきがくしゃ》ユングは、外《そと》の世界《せかい》に興味《きょうみ》を持《も》つ　　と、自分《じぶん》に興味《きょうみ》を持《も》つ　　の2つに分類《ぶんるい》しました。

ユングは、これらを「思考《しこう》」「感情《かんじょう》」「感覚《かんかく》」「直観《ちょっかん》」という4つの心《こころ》の機能《きのう》と組《く》み合《あ》わせることで、8つの性格《せいかく》タイプに分類《ぶんるい》しました。これによって、内向型《ないこうがた》の人《ひと》にも、深《ふか》い思考《しこう》をより重視《じゅうし》する人《ひと》と、自《みずか》らの直観《ちょっかん》を重視《じゅうし》する人《ひと》など、さまざまな性格《せいかく》の人《ひと》にタイプ分《わ》けすることができます。

性格《せいかく》の類型論《るいけいろん》　**エルンスト・クレッチマー**など

類型論《るいけいろん》は、ローマ帝国時代《ていこくじだい》のギリシャの医学者《いがくしゃ》ガレノスが、多血質《たけつしつ》、胆汁質《たんじゅうしつ》、黒胆汁質《こくたんじゅうしつ》、粘液質《ねんえきしつ》の四気質説《きしつせつ》を唱《とな》えたことが始《はじ》まりなんだって。

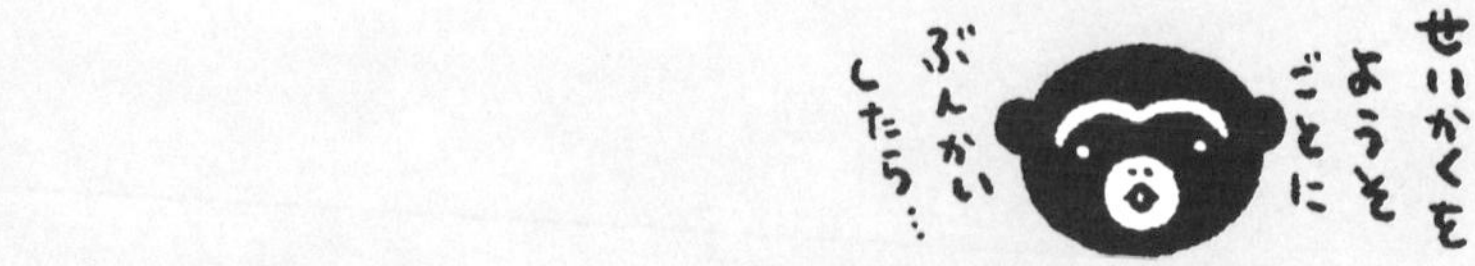
せいかくを
ようそごとに
ぶんかいしたら…

人のいろいろな特性を数値で測れば性格がわかる。

開放性《かいほうせい》

調和性《ちょうわせい》

誠実性《せいじつせい》

ひとそれぞれのバランスがある

とは、**人《ひと》が持《も》ついろいろな性格《せいかく》の特性《とくせい》を、たとえば、「まじめ=2、明《あか》るい=6、神経質《しんけいしつ》=5」といった数値《すうち》の組《く》み合《あ》わせで表《あらわ》そうとする考《かんが》え方《かた》**です。

特性論《とくせいろん》でもっとも有名《ゆうめい》な理論《りろん》が、アメリカの心理学者《しんりがくしゃ》ゴールドバーグらが提唱《ていしょう》した　　　　です。

ビッグ・ファイブ理論《りろん》は、人《ひと》の性格《せいかく》を「調和性《ちょうわせい》」「誠実性《せいじつせい》」「開放性《かいほうせい》」「神経症傾向《しんけいしょうけいこう》」「外向性《がいこうせい》」という5つの特性《とくせい》の組《く》み合《あ》わせで表《あらわ》します。ビッグ・ファイブ理論《りろん》を用《もち》いた性格診断《せいかくしんだん》では、**類型論《るいけいろん》よりも細《こま》かく、客観的《きゃっかんてき》に個人《こじん》の性格《せいかく》を表《あらわ》す**ことができると考《かんが》えられています。

一方《いっぽう》で、5つの特性《とくせい》にしぼっているため、個人《こじん》の性格全体《せいかくぜんたい》を知《し》ることが難《むずか》しく、その人《ひと》が持《も》つ独創的《どくそうてき》な個性《こせい》を見落《みお》としてしまうというデメリットもあります。

ただし、人《ひと》の性格《せいかく》は決《き》まりきったものではありません。自分《じぶん》がどう生《い》きたいかを考《かんが》えて、怒《おこ》りっぽい人《ひと》は衝動《しょうどう》を抑《おさ》えたり、おとなしい人《ひと》は社交的《しゃこうてき》にふるまったりすることで、徐々《じょじょ》に自分《じぶん》の生《い》き方《かた》や性格《せいかく》の見《み》え方《かた》を変《か》えることができます。

性格《せいかく》の特性論《とくせいろん》

ルイス・ゴールドバーグ

国外《こくがい》や国内《こくない》で行《おこな》われた最近《さいきん》の研究《けんきゅう》では、ビッグ・ファイブ理論《りろん》における5つの特性《とくせい》は、いずれも遺伝《いでん》と環境《かんきょう》のそれぞれの影響《えいきょう》を強《つよ》く受《う》けていることがわかってきているよ。

性格は検査でわかる？

みんなにバレるのはずかしい…

自分《じぶん》の性格《せいかく》がわかってしまう検査《けんさ》がある。

作業検査法《さぎょうけんさほう》

犬《いぬ》
投影法《とうえいほう》

Q
はい
いいえ
質問紙法《しつもんしほう》

性格検査《せいかくけんさ》

とは、**人《ひと》の性格《せいかく》を客観的《きゃっかんてき》に評価《ひょうか》、診断《しんだん》するためのテスト**で、信頼性《しんらいせい》（結果《けっか》の安定性《あんていせい》）と妥当性《だとうせい》（的確《てきかく》さ）が求《もと》められます。主《おも》なものに、　　　　　　　　の3種類《しゅるい》があります。

質問紙法《しつもんしほう》は、自分《じぶん》の性格《せいかく》や行動《こうどう》についての質問《しつもん》に「はい」「いいえ」「どちらでもない」などの回答《かいとう》を選《えら》ぶ検査《けんさ》です。550個《こ》の質問《しつもん》に「はい」「いいえ」で答《こた》える　　　　　　や、それを日本人《にほんじん》向《む》けにアレンジした　　　　、ビッグ・ファイブ理論《りろん》に対応《たいおう》した　　　　などがあります。

投影法《とうえいほう》は、絵《え》を見《み》せるなどして、それへの反応《はんのう》によって性格《せいかく》や欲求《よっきゅう》を測《はか》る検査《けんさ》です。インクの染《し》みを見《み》せて何《なに》に見《み》えるかを問《と》う　　　　　　や、人物《じんぶつ》を描《えが》いた絵《え》を見《み》せて物語《ものがたり》を考《かんが》えさせる　　　　　　、未完成《みかんせい》の文章《ぶんしょう》を完成《かんせい》させる　　　　　　があります。

作業検査法《さぎょうけんさほう》は、被験者《ひけんしゃ》の作業《さぎょう》のしかたや結果《けっか》から、性格《せいかく》や能《のう》力《りょく》などを測定《そくてい》します。簡単《かんたん》なたし算《ざん》を行《おこな》った結果《けっか》から、性格《せいかく》や能力《のうりょく》などを測定《そくてい》する　　　　　　が有名《ゆうめい》です。

いろいろなところで使《つか》われている質問紙法《しつもんしほう》だけど、嘘《うそ》をついて答《こた》えられると検査結果《けんさけっか》がわからなくなるという弱点《じゃくてん》があるんだって。

アイデンティティとは
自分がどんな
人かを理解
していて
ほかの人とは
違うんだ
という感覚。

なさんは「自分《じぶん》とは何者《なにもの》なんだろう?」と考《かんが》えたことはありますか? 心理学《しんりがく》では、**「自分《じぶん》は自分《じぶん》である」という確《かく》信《しん》を持《も》つこと、あるいは自分《じぶん》が何者《なにもの》であるかを理解《りかい》し、ほかの人《ひと》と区別《くべつ》できる感覚《かんかく》**のことを　　　といいます。

多《おお》くの人《ひと》は、青年期《せいねんき》(13~22歳《さい》ごろ)に「自分《じぶん》は何《なん》のために生《い》きているのだろう」と考《かんが》えるようになります。また、アイデンティティ理論《りろん》を提唱《ていしょう》したアメリカの精神分析学者《せいしんぶんせきがくしゃ》エリクソンは、青年期《せいねんき》から成人期《せいじんき》(22~40歳《さい》ごろ)に至《いた》るまでの期間《きかん》をアイデンティティを確立《かくりつ》するための　　　と名《な》づけ、社会《しゃかい》のなかで自分《じぶん》の役割《やくわり》や価値《かち》、居場所《いばしょ》などを見《み》つけるための経験《けいけん》を積《つ》むこと(　　　)が重要《じゅうよう》だと唱《とな》えました。一方《いっぽう》で、近年《きんねん》は情《じょう》報化《ほうか》などにより社会《しゃかい》の流《なが》れが速《はや》まったり、複雑化《ふくざつか》したりしたことで、アイデンティティの獲得《かくとく》が難《むずか》しくなりつつあるともいわれており、そうした自己同一性《じこどういっせい》を獲得《かくとく》できない状態《じょうたい》を　　　といいます。

引《ひ》きこもりや早期離職者《そうきりしょくしゃ》の増加《ぞうか》といった問題《もんだい》も、このアイデンティティの拡散《かくさん》が原因《げんいん》の1つと考《かんが》えられています。

アイデンティティ　**エリク・エリクソン**

エリクソンはアイデンティティの拡散《かくさん》の症状《しょうじょう》として、希望《きぼう》を失《うしな》ったり、自意識過剰《じいしきかじょう》になったり、集中力《しゅうちゅうりょく》が低《ひく》くなったりすることなどを挙《あ》げているよ。

人は一生発達する？

人《ひと》は生《う》まれてから死《し》ぬまで8つのステージがある。

ライフサイクル　エリク・エリクソン

とは、**人間《にんげん》が社会《しゃかい》のなかで発達《はったつ》していくうえでの課題《かだい》を8段階《だんかい》で説明《せつめい》した理論《りろん》**です。

エリクソンは、人間《にんげん》の心《こころ》は8段階《だんかい》あるライフサイクルのなかで、新《あら》たなことを知《し》ったり、課題《かだい》を乗《の》り越《こ》えたりすることで、成長《せいちょう》すると考《かんが》えました。

①0〜1歳《さい》の乳児期《にゅうじき》は、まわりの人《ひと》が安全《あんぜん》で信頼《しんらい》できるか知《し》る段階《だんかい》です。②1〜3歳《さい》の幼児期《ようじき》は、自分《じぶん》にできることとできないことを知《し》る段階《だんかい》です。③3〜6歳《さい》の児童期《じどうき》では、自発的《じはってき》な行動《こうどう》がどのような結果《けっか》になるかを学《まな》びます。④6〜13歳《さい》の学童《がくどう》期《き》は、がんばったらほめられ、できないと怒《おこ》られたり、けなされたりすることを知《し》るようになります。⑤13〜22歳《さい》の青年期《せいねんき》は、の確立《かくりつ》と拡散《かくさん》を繰《く》り返《かえ》し、自分《じぶん》の生《い》きる意味《いみ》を探《さが》します。⑥22〜40歳《さい》の成人期《せいじんき》は、自分《じぶん》のあり方《かた》・生《い》き方《かた》を見《み》つけ出《だ》す段階《だんかい》です。⑦40〜65歳《さい》の壮年期《そうねんき》は、子《こ》どもや下《した》の世《せ》代《だい》などを育成《いくせい》する段階《だんかい》です。⑧65歳《さい》以降《いこう》の老年期《ろうねんき》は、自分《じぶん》が生《い》きてきた意味《いみ》を見《み》つけ出《だ》す段階《だんかい》です。

このように人《ひと》は何歳《なんさい》であってもそれぞれの年齢《ねんれい》に応《おう》じた変化《へんか》や発達《はったつ》をしていく存在《そんざい》なのです。

かってにレベルはあがらない

エリクソンは、各段階《かくだんかい》でそれぞれの課題《かだい》を達成《たっせい》できなくても、その後《ご》の人生《じんせい》で達成《たっせい》できると考《かんが》えたんだって。むしろ、すべてを順調《じゅんちょう》に乗《の》り越《こ》えることのほうが難《むずか》しいのかもね。

人の欲求は変わる？

欲求が満たされると
次の欲求が
生まれる。
究極は
自分の可能性
を実現すること。

にんげんって
よくぶかいなぁ

メリカの心理学者《しんりがくしゃ》マズローは、**人《ひと》は自分《じぶん》の可能性《かのうせい》の実現《じつげん》に向《む》け、絶《た》えず成長《せいちょう》すると考《かんが》え、欲求《よっきゅう》を低《ひく》い段階《だんかい》から高い段階《だんかい》に至《いた》るピラミッド型《がた》の5つの階層《かいそう》で表《あらわ》しました。**これを

といいます。

第《だい》1層《そう》は、「食《た》べたい」「寝《ね》たい」といった　で、これが満《み》たされると、第《だい》2層《そう》の「危険《きけん》な思《おも》いをしたくない」「健康《けんこう》でいたい」といった　が生《う》まれ、これも充《じゅう》足《そく》されると、第《だい》3層《そう》の「学校《がっこう》や会社《かいしゃ》に所属《しょぞく》したい」「仲間《なかま》や家族《かぞく》に愛《あい》されたい」といった　が生《う》まれます。さらにこれも満《み》たされると、第《だい》4層《そう》の「ほかの人《ひと》に認《みと》められたい」「みんなから尊敬《そんけい》されたい」といった　が生《う》まれ、これらすべての欲求《よっきゅう》が満《み》たされると、最後《さいご》に第《だい》5層《そう》の「自分《じぶん》らしくありたい」「まだ見《み》ぬ自分《じぶん》の力《ちから》を最大限《さいだいげん》に発揮《はっき》したい」という

に至《いた》ります。マズローは**自己実現《じこじつげん》の欲求《よっきゅう》が人間《にんげん》の究《きゅう》極《きょく》の欲求《よっきゅう》である**と考《かんが》えました。

マズローは、上層《じょうそう》の欲求《よっきゅう》は下層《かそう》の欲求《よっきゅう》をある程度《ていど》、満《み》たすことによって発生《はっせい》すると考《かんが》えました。みなさんは今《いま》、どの階層《かいそう》にいるでしょうか？

欲求階層説《よっきゅうかいそうせつ》　**アブラハム・マズロー**

第《だい》1層《そう》から第《だい》4層《そう》の欲求《よっきゅう》は「欠乏欲求《けつぼうよっきゅう》」とよばれて、自分《じぶん》の外《そと》からものごとを得《え》ることで満《み》たされるものなんだって。

無意識《むいしき》って何《なに》？

どこからがむいしき？

無意識《むいしき》は
人《ひと》の毎日《まいにち》の行動《こうどう》
や考《かんが》え方《かた》に
しれっと
でも確実《かくじつ》に
関《かか》わっている。

遅刻《ちこく》だ
急《いそ》げ〜
ハンドルを右《みぎ》へ傾《かたむ》けて右《みぎ》に曲《ま》がる
坂道《さかみち》確認《かくにん》
立《た》ち上《あ》がって前傾姿勢《ぜんけいしせい》
ももを上《あ》げる
右足《みぎあし》上《うえ》に左足《ひだりあし》下《した》に

かくれたココロがある?

は無意識《むいしき》のうちにいろいろなことを行《おこな》っていると聞《き》くと、「そんなことないよ。自分《じぶん》で〝こうしよう〟と意識《いしき》して行動《こうどう》しているよ」と思《おも》う人《ひと》も多《おお》いでしょう。

しかし、みなさんは自転車《じてんしゃ》に乗《の》るときに乗《の》り方《かた》を意識《いしき》していますか？　乗《の》り慣《な》れた人《ひと》であれば、そんなことはないはずです。**私《わたし》たちは、こうした無意識的《むいしきてき》な知覚《ちかく》や判断《はんだん》、行動《こうどう》によって、生《せい》活《かつ》を送《おく》っている**のです。

オーストリアの精神分析学者《せいしんぶんせきがくしゃ》フロイトは、この無意識《むいしき》に注目《ちゅうもく》し、**人《ひと》の心《こころ》は**　、　、　**に分《わ》かれている**と考《かんが》えました。意識《いしき》は、自分《じぶん》で意識《いしき》できる領域《りょういき》です。前意識《ぜんいしき》は、意識《いしき》と無意識《むいしき》の間《あいだ》にある、思《おも》い出《だ》そうと注意《ちゅうい》を向《む》ければ思《おも》い出《だ》せる領域《りょういき》です。そして無意識《むいしき》は、私《わたし》たちの意識《いしき》が届《とど》かない領域《りょういき》なのですが、実《じつ》は3つの層《そう》のなかでもっとも大《おお》きいとされています。

フロイトは、思《おも》いつきやささいな言《い》い間違《まちが》い、夢《ゆめ》なども、すべて無意識《むいしき》が関係《かんけい》していると考《かんが》えました。さらに、フロイトは、脳《のう》には　という、いやな記憶《きおく》を無意識《むいしき》のなかにしまい込《こ》む働《はたら》きがあり、無意識《むいしき》のなかに押《お》し込《こ》められた過去《かこ》の　が、心《こころ》の病《やまい》の主《おも》な原因《げんいん》になっていると主張《しゅちょう》しました。

無意識《むいしき》　**ジークムント・フロイト**

フロイトの無意識《むいしき》という考《かんが》え方《かた》は、数値《すうち》として測定《そくてい》したり、目《め》の前《まえ》に提示《ていじ》できないぶん、批判《ひはん》する人《ひと》も多《おお》かったんだって。

夢から何がわかる？

夢《ゆめ》を分析《ぶんせき》すれば人《ひと》の心《こころ》の奥底《おくそこ》がわかる!?

ぼくの
ココロの
おくって…

と聞《き》いて、興味《きょうみ》があるという人《ひと》は多《おお》いと思《おも》います。

フロイトは、「夢分析《ゆめぶんせき》は　を知《し》るための王道《おうどう》」と唱《とな》え、**夢《ゆめ》は心《こころ》の奥深《おくふか》くにある願望《がんぼう》や恐《おそ》れを表《あらわ》すものである**とし、それらが私《わたし》たちをおびやかさないよう、夢《ゆめ》として置《お》き換《か》えや加工《かこう》が行《おこな》われていると考《かんが》えました。

一方《いっぽう》、フロイトの弟子《でし》であるスイスの精神分析学者《せいしんぶんせきがくしゃ》ユングは、夢《ゆめ》を深層心理《しんそうしんり》からのメッセージととらえ、夢《ゆめ》からヒントを得《え》、自己実現《じこじつげん》を目指《めざ》すために夢分析《ゆめぶんせき》を用《もち》いました。

その後《ご》も睡眠《すいみん》と夢《ゆめ》が果《は》たす役割《やくわり》の研究《けんきゅう》は行《おこな》われており、コンピューター科学《かがく》の分野《ぶんや》では、**睡眠《すいみん》は日中《にっちゅう》に脳《のう》に入力《にゅうりょく》された記憶《きおく》の整理《せいり》を行《おこな》い、それまであった記憶《きおく》に組《く》み込《こ》んでいる時間《じかん》である**ともいわれています。

近年《きんねん》の研究《けんきゅう》では、私《わたし》たちが見《み》る夢《ゆめ》は、睡眠中《すいみんちゅう》の脳《のう》がわずかな時間《じかん》だけ意識《いしき》と接続《せつぞく》した際《さい》に見《み》る、情報《じょうほう》の整理過程《せいりかてい》のほんの一《いち》部《ぶ》を記憶《きおく》したものと考《かんが》えられています。したがって、夢分析《ゆめぶんせき》を行《おこな》うことで、その人《ひと》のことがある程度《ていど》わかる可能性《かのうせい》はありますが、その人《ひと》のことを完全《かんぜん》に理解《りかい》したり、心《こころ》の問題《もんだい》を完璧《かんぺき》に解決《かいけつ》したりすることは難《むずか》しいようです。

夢分析《ゆめぶんせき》　カール・ユング

夢《ゆめ》の内容《ないよう》に個人的《こじんてき》な葛藤《かっとう》や願望《がんぼう》が反映《はんえい》されていることは確《たし》かなようだけど、現在《げんざい》は、フロイトやユングのような立場《たちば》には否定的《ひていてき》な意見《いけん》が多《おお》いんだって。

みんなも見《み》たことある?
は…
ボロ
歯《は》が
ボロ
っていう
夢《ゆめ》見《み》た
え
え
オレも見《み》た
私《わたし》も
ええ…
集団《しゅうだん》
虫歯《むしば》の
予知夢《よちむ》…!?
ストレス
たまってん
のかな
なー

第《だい》3章《しょう》

勉《べん》強《きょう》のやる気《き》が出《で》てくる心《しん》理《り》学《がく》

記憶《きおく》のしくみって？

なまえはさとるだよ

よろしくね

情報《じょうほう》は一時的《いちじてき》に脳《のう》に保管《ほかん》されるがすぐ消《き》えてしまう。でも、くりかえし確認《かくにん》すればしっかりと保管《ほかん》される。

さとるくん
さとるくん
さとるくん

“覚《おぼ》える”ための道《みち》のりがある！

くりかえすことが
こうかてきなんだね

漢字《じ》や英単語《えいたんご》、社会《しゃかい》や理科《りか》といった暗記系《あんきけい》の勉強《べんきょう》が苦手《にがて》という人《ひと》は、**記憶**《きおく》のしくみを知《し》ることで克服《こくふく》できるかもしれません。記憶《きおく》には、外《そと》から取《と》り入《い》れた情報《じょうほう》を取《と》り込《こ》む「**記銘**《きめい》（**符号化**《ふごうか》）」、取《と》り込《こ》んだ情報《じょうほう》を保存《ほぞん》する「**保持**《ほじ》（**貯蔵**《ちょぞう》）」、そして、保存《ほぞん》した情報《じょうほう》を取《と》り出《だ》す「**想起**《そうき》（**検索**《けんさく》）」という3つの段階《だんかい》があります。

また、記憶《きおく》には種類《しゅるい》があります。ほんの一瞬《いっしゅん》だけ情報《じょうほう》を保存《ほぞん》する**感覚記憶**《かんかくきおく》、数秒《すうびょう》から数十秒《すうじゅうびょう》だけ情報《じょうほう》を保存《ほぞん》する**短期記憶**《たんききおく》、長期的《ちょうきてき》にたくさんの情報《じょうほう》を保存《ほぞん》する**長期記憶**《ちょうききおく》に分《わ》けられます。

もちろん、暗記《あんき》をするためには、この長期記憶《ちょうききおく》が大切《たいせつ》です。**覚《おぼ》えたことを長期記憶《ちょうききおく》として保存《ほぞん》するためには、情報《じょうほう》を繰《く》り返《かえ》し短期記憶《たんききおく》に保存《ほぞん》することで脳《のう》に記憶《きおく》をとどめ、長期記憶《ちょうききおく》に変《か》える**必要《ひつよう》があります。そのためには暗記《あんき》したいことを繰《く》り返《かえ》し書《か》いたり、声《こえ》に出《だ》して読《よ》んだりといった反復《はんぷく》が効果的《こうかてき》でしょう。なお、長期記憶《ちょうききおく》には、「今日《きょう》〇〇した」「日本《にほん》の首都《しゅと》は東京《とうきょう》」など言葉《ことば》で表現《ひょうげん》できる**宣言的記憶**《せんげんてききおく》と、自転車《じてんしゃ》の乗《の》り方《かた》や泳《およ》ぎ方《かた》など言葉《ことば》にできない**手続《てつづ》き的記憶**《てききおく》があります。

語 **長期記憶**《ちょうききおく》

そろばんは習《なら》いはじめのうちは宣言的記憶《せんげんてききおく》だけど、頭《あたま》の中《なか》で暗算《あんざん》ができるようになると、手続《てつづ》き的記憶《てききおく》に組《く》み込《こ》まれるので、忘《わす》れづらいんだって。

一《いち》度《ど》にいくつ覚《おぼ》えられる？

でんわばんごうのごろあわせって、

一《いち》度《ど》に覚《おぼ》えられるのは7つまで。でも情《じょう》報《ほう》をかたまりにすればもっと覚《おぼ》えられる。

10人《にん》兄妹《きょうだい》なんだ
ヤッホー
あなからごりらやっほー!…
あい
なお
かんた
らら
ごう
りん
らん
ややこ
つづみ
ほくと

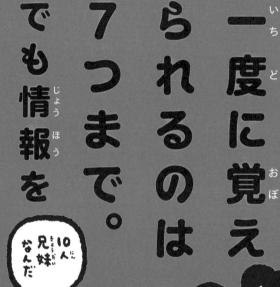

7より多《おお》く覚《おぼ》えるコツがある！

ムリヤリなやつ
あるよね

みなさんは暗記《あんき》は得意《とくい》ですか？　「暗記力《あんきりょく》を伸《の》ばすコツがある」としたら、多《おお》くの人《ひと》はそのコツを知《し》りたいと思《おも》うでしょう。

アメリカの認知心理学者《にんちしんりがくしゃ》ミラーは**マジカルナンバー7±2**という言葉《ことば》を提唱《ていしょう》しました。これは、**人間《にんげん》の短期記憶《たんききおく》は一度《いちど》に7±2（5〜9）個《こ》しか覚《おぼ》えられない**という理論《りろん》です。ミラーは、情報《じょうほう》のかたまりを**チャンク**と呼《よ》び、「7つのチャンク」を応用《おうよう》すれば、短期記憶《たんききおく》を活性化《かっせいか》できると考《かんが》えました。

たとえば、「23014831」という8つの数字《すうじ》を覚《おぼ》えるときに、数字《すうじ》を1つずつ覚《おぼ》えようとすると〝8チャンク〟となるためなかなか覚《おぼ》えられません。しかし、同《おな》じ数字《すうじ》を「23（兄《にい》さん）」「014（おいしい）」「831（やさい）」と語呂合《ごろあ》わせにして3つに分《わ》けると、8チャンクから〝3チャンク〟に圧縮《あっしゅく》されるので、格段《かくだん》に覚《おぼ》えやすくなります。このようにチャンクをまとめることを**チャンク化《か》**や**チャンキング**といいます。

記憶力《きおくりょく》が求《もと》められる教科《きょうか》の勉強《べんきょう》をするときは、このチャンク化《か》を意識《いしき》することで効率的《こうりつてき》に覚《おぼ》えられるようになる場合《ばあい》もあるのでチャレンジしてみましょう。

語 マジカルナンバー7±2　人 ジョージ・ミラー

2001年《ねん》、心理学者《しんりがくしゃ》のコーワンは、人《ひと》が覚《おぼ》えられるチャンクは4±1個《こ》と発表《はっぴょう》したんだ。現在《げんざい》はマジカルナンバー4±1や、マジカルナンバー3とする場合《ばあい》が多《おお》いんだって。

記《き》憶《おく》は消《き》える？

えーっと
めがねで
パーマのこの
なまえ…
なんだったっけ
？

1時間《じかん》で約《やく》60%《パーセント》もの記憶《きおく》がなくなってしまう。

帰《かえ》りに牛乳《ぎゅうにゅう》を買《か》ってきてくれる？
100%《パーセント》
MILK
生乳100%
牛乳
はーい
58%《パーセント》
44%《パーセント》
なにか頼《たの》まれた気《き》がする
20分《ふん》
1時間《じかん》

新《あたら》しい記憶《きおく》ほどたくさん忘《わす》れる！

どうでもいいことは
おぼえてるのに…

みなさんのなかには、「自分《じぶん》は忘《わす》れっぽい」と感《かん》じている人《ひと》もいるかもしれません。しかし、心配《しんぱい》しないでください。人間《にんげん》は忘《わす》れるのが当《あ》たり前《まえ》だからです。

世界《せかい》ではじめて記憶《きおく》についての科学的《かがくてき》な研究《けんきゅう》を行《おこな》ったのはドイツの心理学者《しんりがくしゃ》エビングハウスで、彼《かれ》は自分自身《じぶんじしん》で「DAR《ディーエーアール》」「SUJ《エスユージェー》」といった無意味《むいみ》なアルファベットの並《なら》びを記憶《きおく》したあと、どれだけその記憶《きおく》を保持《ほじ》できるかを調査《ちょうさ》しました。その結果《けっか》、**人間《にんげん》はわずか20分《ぷん》ほどで4割以上《わりいじょう》を思《おも》い出《だ》せなくなり、1時間《じかん》では6割近《わりちか》く、1日経《にちた》つと7割近《わりちか》くのことを忘《わす》れてしまう**ことがわかりました。

この時間《じかん》の経過《けいか》ごとに忘却《ぼうきゃく》する割合《わりあい》をグラフに表《あらわ》すと、最初《さいしょ》は急激《きゅうげき》に忘却《ぼうきゃく》し、時間《じかん》の経過《けいか》とともに忘却《ぼうきゃく》は緩《ゆる》やかになっていくことがわかりました。このグラフを**エビングハウスの忘却曲線《ぼうきゃくきょくせん》**といいます。エビングハウスの実験《じっけん》から、復習《ふくしゅう》することの大切《たいせつ》さがわかるでしょう。勉強《べんきょう》したことを放《ほう》っておけばおくだけ忘《わす》れてしまい、1回目《かいめ》の勉強《べんきょう》と同《おな》じくらいの労力《ろうりょく》が必要《ひつよう》になってしまいます。また復習《ふくしゅう》をすると長期記憶《ちょうききおく》に変《か》わり、忘《わす》れづらい情報《じょうほう》になるのです。

語 **忘却曲線《ぼうきゃくきょくせん》**

人 **ヘルマン・エビングハウス**

何《なに》かを覚《おぼ》えたり学習《がくしゅう》したりするときには、系列位置効果《けいれついちこうか》といって、最初《さいしょ》と最後《さいご》が覚《おぼ》えやすく、中盤《ちゅうばん》は忘《わす》れやすいことが知《し》られているよ。最初《さいしょ》と最後《さいご》は印象《いんしょう》に残《のこ》りやすいみたい。

文脈《ぶんみゃく》効果《こうか》って何《なに》？

ぶんみゃくとは、
ぶんのすじみちのこと

人は前後《ぜんご》の内容《ないよう》からなんとなく予想《よそう》して読《よ》み解《と》いている。

めっちゃはれたよ
昨日《きのう》
今日《きょう》
明日《あした》旅行《りょこう》なのに

同《おな》じものも違《ちが》って見《み》える!

しゅんじに
はんだん
してるん
だね

語 **文脈効果《ぶんみゃくこうか》**

人 **ジェローム・ブルーナー**

人《ひと》はいつもまわりの状況《じょうきょう》や前後《ぜんご》の情報《じょうほう》から、物事《ものごと》の意味《いみ》を読《よ》み取《と》っています。これを**文脈効果《ぶんみゃくこうか》**といいます。アメリカの認知心理学者《にんちしんりがくしゃ》ブルーナーは同《おな》じものでも、事前《じぜん》に与《あた》えられた文脈《ぶんみゃく》によって見《み》え方《かた》が変《か》わることを明《あき》らかにしました。

ブルーナーは、被験者《ひけんしゃ》をいくつかのグループに分《わ》け、あるグループには「L《エル》・M《エム》・Y《ワイ》・A《エー》」というアルファベットを、別《べつ》のグループには「16・17・10・12」という数字《すうじ》を見《み》せました。そのあと、各《かく》グループに、〝13〟にも見《み》える書《か》き崩《くず》したB《ビー》の文字《もじ》を見《み》せ、この文字《もじ》が何《なに》に見《み》えるか問《と》いました。すると、アルファベットを見《み》たグループではこの文字《もじ》を「B《ビー》」と答《こた》えた人《ひと》が多《おお》く、数字《すうじ》を見《み》たグループでは「13」と答《こた》えた人《ひと》が多《おお》かったのです。つまり、**人《ひと》は前後《ぜんご》の文脈《ぶんみゃく》や状況《じょうきょう》によって、同《おな》じものでも見《み》え方《かた》が異《こと》なる**ということがわかったのです。

文脈効果《ぶんみゃくこうか》は、文字《もじ》や数字《すうじ》だけでなく、ふだんの会話《かいわ》でも、単《たん》語《ご》の理解《りかい》を助《たす》け、あいまいさを減少《げんしょう》させる効果《こうか》があります。逆《ぎゃく》にいえば、文脈《ぶんみゃく》によってはうまく会話《かいわ》が成立《せいりつ》しない、勘違《かんちが》いが起《お》こってしまうこともあるのです。

12
A B C
14

左《ひだり》の図《ず》で、真《ま》ん中《なか》の文字《もじ》をヨコに見《み》た場合《ばあい》と、タテに見《み》た場合《ばあい》で、「B《ビー》」にも「13」にも見《み》えるね。

脳《のう》はだまされる？

ぼくはぜったいだまされない!!

脳《のう》はしょっちゅうだまされる。

下《した》の線《せん》が短《みじか》い
ミュラーリヤー錯視《さくし》

中央《ちゅうおう》の円《えん》は右《みぎ》の方《ほう》が大《おお》きい
エビングハウス錯視《さくし》

ツェルナー錯視《さくし》
上《うえ》から左《ひだり》・右《みぎ》・左《ひだり》・右《みぎ》にかたむいている

中央《ちゅうおう》の線《せん》は上《うえ》の方《ほう》が長《なが》い
ポンゾ錯視《さくし》

脳《のう》が実際《じっさい》とは違《ちが》う知覚《ちかく》を得《え》る！

やっぱりながさがちがうよ
そういわれても…

みなさんは、右《みぎ》ページのイラストの一番上《いちばんうえ》の2本《ほん》の線《せん》を見《み》て、上《うえ》と下《した》のどちらが長《なが》く見《み》えましたか？　ほとんどの人《ひと》は「上《うえ》のほうが長《なが》い」と感《かん》じたと思《おも》いますが、正解《せいかい》は「同《おな》じ長《なが》さ」です。こうした現象《げんしょう》を錯視《さくし》といいます。

錯視《さくし》とは、視覚《しかく》における錯覚《さっかく》のことです。**錯覚《さっかく》とは、目《め》や耳《みみ》といった感覚器官《かんかくきかん》が正常《せいじょう》であるにもかかわらず、実際《じっさい》とは異《こと》なる知覚《ちかく》を脳《のう》が得《え》てしまう現象《げんしょう》です。**

錯視《さくし》が起《お》こる原因《げんいん》は、ほとんどの場合《ばあい》、目《め》の機能《きのう》ではなく脳《のう》の活動《かつどう》にあります。人間《にんげん》は、外《そと》の世界《せかい》の物事《ものごと》を光《ひかり》の反射《はんしゃ》として目《め》で受《う》け止《と》め、脳《のう》がその情報《じょうほう》を形《かたち》として処理《しょり》しています。つまり、**目《め》が伝《つた》えてくれる情報《じょうほう》を、脳《のう》を通《とお》してとらえているのです。**

よく知《し》られている錯視《さくし》の例《れい》は、右《みぎ》ページにあるような図形的要素《ずけいてきようそ》を組《く》み合《あ》わせた**幾何学的錯視《きかがくてきさくし》**と呼《よ》ばれるもので、その多《おお》くは19世紀《せいき》に発見《はっけん》されました。

錯視《さくし》の多《おお》くは人間《にんげん》の脳《のう》のくせであるため、防《ふせ》ぐことはできないと考《かんが》えられています。一方《いっぽう》で、こうした錯視《さくし》や錯覚《さっかく》を活用《かつよう》したゲームや芸術作品《げいじゅつさくひん》なども作《つく》られており、多《おお》くの人《ひと》が脳《のう》のくせを楽《たの》しんでいます。

語 **錯視《さくし》**

錯視《さくし》は脳《のう》のくせで防《ふせ》ぐことはできないから、必要《ひつよう》なときは見《み》た目《め》で判断《はんだん》しないことが大切《たいせつ》なのかもね。

無《む》力《りょく》感《かん》を学《がく》習《しゅう》する？

「ムリ」「ダメだ」「できない」と思《おも》いすぎるとがんばる力《ちから》さえなくなる。

イヌも無気力《むきりょく》を学習《がくしゅう》する！

人《ひと》は、努力《どりょく》が実《みの》らない経験《けいけん》が続《つづ》くと、何《なに》をしても無意味《むいみ》だと思《おも》うようになり、やがて努力《どりょく》をしなくなってしまいます。これを**学習性無力感**《がくしゅうせいむりょくかん》といいます。無力感《むりょくかん》は、人間《にんげん》だけでなくイヌやマウスといったほかの生《い》き物《もの》も学習《がくしゅう》することがわかっています。

アメリカの心理学者《しんりがくしゃ》セリグマンは、イヌを使《つか》った実験《じっけん》でこのことを証明《しょうめい》しました。実験《じっけん》の1日目《にちめ》、セリグマンは複数《ふくすう》のイヌを2つのグループに分《わ》け、片方《かたほう》には身動《みうご》きできない状態《じょうたい》で電気《でんき》ショックを何度《なんど》も与《あた》え、もう片方《かたほう》は同《おな》じ状態《じょうたい》にしたうえで電気《でんき》ショックを与《あた》えませんでした。その後《ご》、低《ひく》い柵《さく》で仕切《しき》られた箱《はこ》に両《りょう》グループのイヌを入《い》れて電気《でんき》ショックを与《あた》えたところ、前《ぜん》日《じつ》に電気《でんき》ショックを与《あた》えなかったイヌはすぐに柵《さく》を越《こ》えて逃《に》げ出《だ》しましたが、電気《でんき》ショックを与《あた》えられたイヌは、逃《に》げようと思《おも》えば逃《に》げられる状態《じょうたい》なのに、その場《ば》にとどまって耐《た》え続《つづ》けました。つまり、前日《ぜんじつ》の実験《じっけん》で、イヌは自分《じぶん》が電気《でんき》ショックに対《たい》して無力《むりょく》であることを学習《がくしゅう》したのです。

この実験《じっけん》は、無力感《むりょくかん》や無気力《むきりょく》は生《う》まれつきではなく、経験《けいけん》から学習《がくしゅう》して、身《み》についてしまうことを示《しめ》しています。

語 **学習性無力感**《がくしゅうせいむりょくかん》

人 **マーティン・セリグマン**

学習性無力感《がくしゅうせいむりょくかん》におちいると、気力《きりょく》が落《お》ちたり、食欲《しょくよく》がなくなって体重《たいじゅう》が減《へ》ったり、体《からだ》にいろいろな悪《わる》い影響《えいきょう》が出《で》る可能性《かのうせい》が高《たか》まるんだって。

なぜ迷信《めいしん》を信《しん》じる？

めいしんなんて、~
なんでしんじるんだろ

カー

おばあちゃんの
迷信《めいしん》も、あの子《こ》の
おまじないも
たまたま
起《お》きたことを
結《むす》びつけた
だけ。

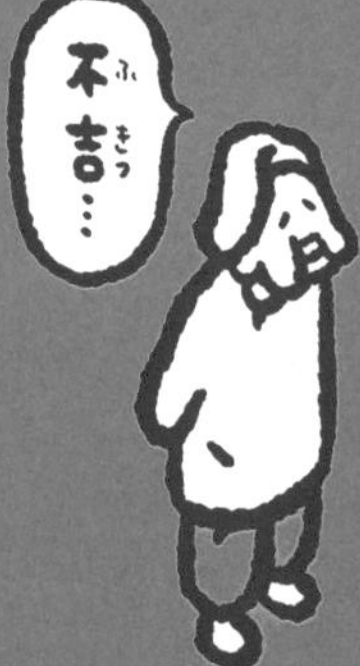
不吉《ふきつ》…

マンマ・ミーア!!
mamma mia!!

キライ
スキ

ハトも迷信《めいしん》を信《しん》じる！

きょうは
いいこと
あるかも

「夜《よる》、爪《つめ》を切《き》ると親《おや》の死《し》に目《め》に会《あ》えない」「風邪《かぜ》は人《ひと》にうつすと治《なお》る」といった迷信《めいしん》を、一度《いちど》は聞《き》いたことがあるのではないでしょうか？　こうした**迷信行動《めいしんこうどう》**の研究者《けんきゅうしゃ》に、アメリカの心理学者《しんりがくしゃ》スキナーがいます。

スキナーは、箱《はこ》に入《い》れた8羽《わ》のハトに、15秒《びょう》ごとに餌《えさ》を与《あた》えました。すると、しばらくして8羽《わ》のうち6羽《わ》のハトが、餌《えさ》を与《あた》えられるまで首《くび》を回転《かいてん》させるなど、意味《いみ》のない行動《こうどう》を繰《く》り返《かえ》していることがわかりました。たまたまその行動《こうどう》をしていたときに餌《えさ》が出《で》てきたのでしょう。6羽《わ》のハトはその意味《いみ》のない行動《こうどう》が「餌《えさ》が出《で》てくる原因《げんいん》」であると考《かんが》え、そのようにふるまったのです。

スキナーは、人間《にんげん》の迷信《めいしん》もこれと同《おな》じしくみであると考《かんが》えました。そして、**偶然的《ぐうぜんてき》な結《むす》びつきでしかないのに、そこに結《むす》びつきがあると信《しん》じて行《おこな》う非合理《ひごうり》な行動《こうどう》**を迷信行動《めいしんこうどう》と呼《よ》びました。

心理学《しんりがく》では、**ある行動《こうどう》に好《この》ましい結果《けっか》がともなったときに、その行動《こうどう》が増加《ぞうか》し、好《この》ましくない結果《けっか》がともなったときにはその行動《こうどう》が減少《げんしょう》する**ことを**オペラント条件《じょうけん》づけ**といい、迷信行動《めいしんこうどう》もこれが原因《げんいん》と考《かんが》えられています。

語　**迷信行動《めいしんこうどう》**　人　**バラス・スキナー**

スポーツ選手《せんしゅ》が試合前《しあいまえ》などに行《おこな》うジンクスも迷信行動《めいしんこうどう》の１つといえるんだって。

“期《き》待《たい》”をかけると？

だれかが
みてると
がんばろう
っておもう

**誰《だれ》かに期《き》待《たい》
されると
その期《き》待《たい》に
応《こた》えようと成《せい》績《せき》が
ぐんぐん上《あ》がる。**

期待《きたい》されると成果《せいか》が出《で》る！

ちからになるけど
おもににも…？

みなさんも、誰《だれ》かに期待《きたい》されたことで、やる気《き》が出《で》てきてがんばれたという経験《けいけん》はありませんか？ **人《ひと》が相手《あいて》に対《たい》して期待《きたい》をすると、その相手《あいて》が自然《しぜん》とその期待《きたい》を実現《じつげん》させるように行動《こうどう》するようになる**ことを**ピグマリオン効果《こうか》**といいます。

アメリカの心理学者《しんりがくしゃ》ローゼンタールは、以下《いか》の実験《じっけん》によって、先生《せんせい》の子《こ》どもへの期待《きたい》が、学習成績《がくしゅうせいせき》に影響《えいきょう》することを示《しめ》しました。

実験《じっけん》では、小学生《しょうがくせい》を成績《せいせき》とは関係《かんけい》なくA《エー》グループとB《ビー》グループに分《わ》け、先生《せんせい》にA《エー》グループを「成績《せいせき》が伸《の》びる子《こ》たち」、B《ビー》グループを「成績《せいせき》のよくない子《こ》たち」と伝《つた》えました。すると8か月後《げつご》、先生《せんせい》が期待《きたい》を持《も》って接《せっ》したA《エー》グループの子《こ》どもたちの成績《せいせき》が向《こう》上《じょう》しました。

ピグマリオン効果《こうか》は、先生《せんせい》のふるまいにも影響《えいきょう》を与《あた》えます。たとえば、期待《きたい》する児童《じどう》や生徒《せいと》のほうをほめたり、暗《あん》に好意的《こういてき》な評価《ひょうか》をしたりするようになります。つまり、**単《たん》に期待《きたい》された人《ひと》ががんばるようになるだけではなく、期待《きたい》する側《がわ》も、自分《じぶん》が期待《きたい》する人《ひと》に対《たい》する行動《こうどう》を意識《いしき》しないうちに変化《へんか》させている**のです。

語 **ピグマリオン効果《こうか》**　人 **ロバート・ローゼンタール**

逆《ぎゃく》に、人《ひと》に期待《きたい》されないことでパフォーマンスが低下《ていか》することをゴーレム効果《こうか》っていうんだって。

やる気《き》はどう出《だ》す？

やらされてるとおもってたらたのしくないよ

最初《さいしょ》はごほうびで火《ひ》をつけて自分《じぶん》の心《こころ》が燃《も》えてくるのを待《ま》とう。

宿題《しゅくだい》できたらケーキね

"やりたいからやる"を目指《めざ》す！

とにかくやらなきゃ
やるきはでない

動《どう》機《き》づけとは、何《なに》かに向《む》かって行動《こうどう》ややる気《き》を起《お》こすことをいいます。たとえば勉強《べんきょう》の"やる気《き》"を起《お》こすためには、幼《おさな》いうちはほめたり、ごほうびをあげたりして学習意欲《がくしゅういよく》を高《たか》める**外発的動機《がいはつてきどうき》づけ**が効果的《こうかてき》な場合《ばあい》もありますが、本当《ほんとう》に勉強好《べんきょうず》きな子《こ》になるためには、勉強《べんきょう》の意味《いみ》や楽《たの》しさを自分《じぶん》で見出《みいだ》す**内《ない》発的動機《はってきどうき》づけ**が大切《たいせつ》です。

アメリカの心理学者《しんりがくしゃ》レッパーは、絵《え》を描《か》くことが好《す》きな子《こ》どもを集《あつ》めて、半分《はんぶん》の子《こ》どもに「絵《え》が描《か》けたらメダルをあげる」と約束《やくそく》しました。すると、報酬《ほうしゅう》のある子《こ》どもたちは雑《ざつ》な絵《え》をたくさん描《か》き、しばらくするとあまり自発的《じはってき》に絵《え》を描《か》かなくなりました。一方《いっぽう》、報酬《ほうしゅう》のない子《こ》どもたちには、絵《え》を描《か》き続《つづ》ける子《こ》がたくさんいました。つまり、**メダルという外発的動機《がいはつてきどうき》づけによって絵《え》を自発的《じはってき》に描《か》くやる気《き》を低下《ていか》させてしまった**のです。このことは、外発的動機《がいはつてきどうき》づけより内発的動機《ないはつてきどうき》づけのほうが、よりよい結果《けっか》をもたらすことを示《しめ》しています。

ちなみに、心理学者《しんりがくしゃ》の速水敏彦《はやみずとしひこ》は、子《こ》どもは外発的動機《がいはつてきどうき》づけから内発的動機《ないはつてきどうき》づけへと移行《いこう》すると考《かんが》え、どちらの動機《どうき》づけも大切《たいせつ》なものとしてとらえました。

語 **動機《どうき》づけ**

人 **マーク・レッパー**
速水敏彦《はやみずとしひこ》

やる気《き》を維持《いじ》するためには内発的動機《ないはつてきどうき》づけが大切《たいせつ》だけど、やりたいことしかやらなくなる場合《ばあい》もあるんだって。バランスが大切《たいせつ》なんだね。

やる気《き》を起《お》こせ!

心理学

えらくなるまえはあんなひとじゃなかったのに…

看守《かんしゅ》
囚人《しゅうじん》

与えられた
役割によって
人が
変わって
しまう。

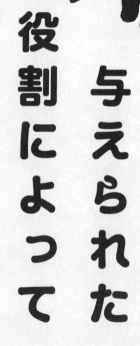

場《ば》が人《ひと》をつくる」という言葉《ことば》を聞《き》いたことがあると思《おも》います。かつて、それを恐《おそ》ろしい形《かたち》で証明《しょうめい》した実験《じっけん》があります。アメリカの心理学者《しんりがくしゃ》ジンバルドーが行《おこな》った

です。

ジンバルドーは21人《にん》の大学生《だいがくせい》を集《あつ》め、10人《にん》を囚人役《しゅうじんやく》に、11人《にん》を看守役《かんしゅやく》にしました。囚人役《しゅうじんやく》は名前《なまえ》ではなく番号《ばんごう》で呼《よ》ばれ、足《あし》には鎖《くさり》が巻《ま》かれました。一方《いっぽう》、看守役《かんしゅやく》には制服《せいふく》が与《あた》えられ、表情《ひょうじょう》を読《よ》まれないようサングラスをかけさせました。

実験《じっけん》がはじまると、すぐに看守役《かんしゅやく》は囚人役《しゅうじんやく》に命令《めいれい》するようになり、厳《きび》しい罰則《ばっそく》をつくりはじめました。囚人役《しゅうじんやく》は、2日目《ふつかめ》にして約半数《やくはんすう》が号泣《ごうきゅう》したり、怒《いか》りや不安《ふあん》を訴《うった》えるなど精神的《せいしんてき》に不安定《ふあんてい》な状態《じょうたい》になりました。この光景《こうけい》を見《み》て、ジンバルドーは2週間《しゅうかん》の予定《よてい》だった実験《じっけん》を6日間《むいかかん》で打《う》ち切《き》りました。

ジンバルドーは、**実験《じっけん》の結果《けっか》が予想《よそう》を超《こ》えたものとなった原因《げんいん》は匿名性《とくめいせい》にある**と考《かんが》えました。つまり、看守役《かんしゅやく》も囚人役《しゅうじんやく》も名前《なまえ》や個性《こせい》が隠《かく》されたことで残忍《ざんにん》な結果《けっか》が生《う》まれたというのです。ジンバルドーは、のちにこの実験《じっけん》で起《お》きた現象《げんしょう》を「（　　　）」と名《な》づけました。

監獄実験《かんごくじっけん》　**フィリップ・ジンバルドー**

この実験《じっけん》の後《あと》、何度《なんど》か同様《どうよう》のシチュエーションで実験《じっけん》が再現《さいげん》されたけど、同《おな》じような結果《けっか》になることはなかったので、この実験《じっけん》に疑念《ぎねん》を持《も》つ研究者《けんきゅうしゃ》もいるそうだよ。

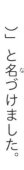

矛盾に出合うと？

おもいどおりにならないことばっかりだ
宿題《しゅくだい》見《み》せてよ
いいよね
ホントはイヤ!! ムカつく!! ズル!!
いつも助《たす》けてもらってるしいい奴《やつ》だからいい人だ!
さんきゅ

気持《き も》ちと
行動《こう どう》に
ズレがあると

自分《じ ぶん》に
嘘《うそ》をついて
無理《む り》やり
納得《なっ とく》しようとする。

じぶんに
いいわけ
してる…

間《げん》には、自分《じぶん》の思考《しこう》と行動《こうどう》を一貫《いっかん》したものにしようとする傾向《けいこう》があります。そのため、自分《じぶん》の思考《しこう》と行動《こうどう》にズレがあるとストレスを感《かん》じ、それを軽減《けいげん》させるために考《かんが》え方《かた》や行動《こうどう》を変化《へんか》させます。

たとえば受験《じゅけん》に失敗《しっぱい》したとき、「目指《めざ》していた学校《がっこう》に行《い》きたい」という思《おも》いと、「試験《しけん》に落《お》ちて行《い》けない」という現実《げんじつ》のズレを減《へ》らすために、「実《じつ》はそれほどいい学校《がっこう》ではない」などと考《かんが》えるようになるのです。

アメリカの心理学者《しんりがくしゃ》フェスティンガーは、これを
と呼《よ》びました。フェスティンガーは、2人一組《ふたりひとくみ》のグループを複数《ふくすう》つくり、1人目《ひとりめ》の被験者《ひけんしゃ》に単調《たんちょう》でつまらない作業《さぎょう》をさせ、2人目《ふたりめ》の被験者《ひけんしゃ》に「この作業《さぎょう》はおもしろい」と嘘《うそ》を伝《つた》えるよう依頼《いらい》しました。このとき半数《はんすう》のグループには高《たか》い報酬《ほうしゅう》を、残《のこ》りの半数《はんすう》には少《すく》ない報酬《ほうしゅう》を与《あた》えることにしたのです。

すると、報酬《ほうしゅう》の少《すく》ないグループの人《ひと》たちのほうが熱心《ねっしん》に、次《つぎ》の人《ひと》に「作業《さぎょう》はおもしろい」と嘘《うそ》をついたのです。つまり、つまらなくて低報酬《ていほうしゅう》という認知的不協和《にんちてきふきょうわ》を軽減《けいげん》させるために、「本当《ほんとう》はおもしろい作業《さぎょう》だった」と思《おも》い込《こ》むようになっていたのです。

認知的不協和《にんちてきふきょうわ》

レオン・フェスティンガー

枝《えだ》から垂《た》れたぶどうを取《と》れなかったキツネが、「酸《す》っぱくておいしくないはず」と言《い》って去《さ》っていくイソップ童話《どうわ》の『酸《す》っぱいぶどう』は、認知的不協和《にんちてきふきょうわ》の例《れい》として有名《ゆうめい》だよ。

まわりの人と
意見が違うと
自信が
なくなり
人に合わせて
しまう。

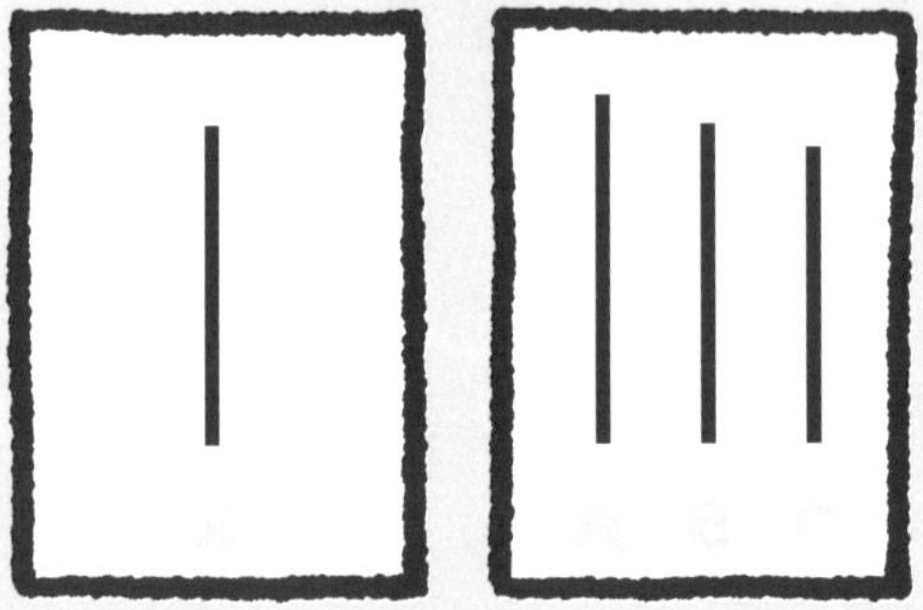

ついつい みんなとあわせちゃった

分《ぶん》は本当《ほんとう》は違《ちが》う意見《いけん》だったのに、まわりのみんなが正《ただ》しいと主張《しゅちょう》する意見《いけん》に合《あ》わせてしまったことはありませんか？　これを　　といいます。アメリカの心理学者《しんりがくしゃ》アッシュは、この同調行動《どうちょうこうどう》を調《しら》べるためにある実験《じっけん》を行《おこな》いました。

その実験《じっけん》は、３本《ぼん》の線《せん》のなかから、ある１本《ぽん》の線《せん》と同《おな》じ長《なが》さのものを選《えら》ぶというもので、１人《ひとり》で答《こた》える場合《ばあい》、誤《あやま》って答《こた》える確率《かくりつ》が０・７％《パーセント》という極《きわ》めて簡単《かんたん》なものでした。ところが、７人一組《にんひとくみ》の集団《しゅうだん》をつくり、そのうちの６人《にん》がわざと間違《まちが》えて答《こた》えたところ、残《のこ》りの１人《ひとり》はほかの６人《にん》につられてしまい、37％《パーセント》もの人《ひと》が誤《あやま》った回答《かいとう》をしてしまったのです。

この実験《じっけん》から、**人《ひと》は自分《じぶん》１人《ひとり》であれば正確《せいかく》な判断《はんだん》ができても、集団《しゅうだん》のなかではまわりに合《あ》わせて誤《あやま》った判断《はんだん》をしてしまう確率《かくりつ》が高《たか》まる**ことがわかりました。

このように人《ひと》が同調《どうちょう》してしまう原因《げんいん》として、ほかの人《ひと》の意見《いけん》を取《と》り入《い》れてより正解《せいかい》に近《ちか》づこうとする情報的《じょうほうてき》な影響《えいきょう》と、集団《しゅうだん》から好《す》かれたい、あるいは集団《しゅうだん》の和《わ》を乱《みだ》したくないという思《おも》いからくる社会的《しゃかいてき》な影響《えいきょう》があると考《かんが》えられています。

同調《どうちょう》　**ソロモン・アッシュ**

６人全員《にんぜんいん》が一致《いっち》して間違《まちが》えたときには誤答率《ごとうりつ》がもっとも高《たか》まったけど、６人《にん》のうち１人《ひとり》でも正《ただ》しい回答《かいとう》をした場合《ばあい》は、同調行動《どうちょうこうどう》は大幅《おおはば》に低下《ていか》したんだって。

仲間《なかま》をひいきする?

おなじグループだから
すきなだけ?

人《ひと》は自分《じぶん》のいる集団《しゅうだん》の内《うち》と外《そと》を区別《くべつ》したがり

根拠なく内《うち》は高く外《そと》は低く評価する。

内集団《ないしゅうだん》と外集団《がいしゅうだん》

おれたちなかまだよな
う、うん…

理学《りがく》では、自分《じぶん》が所属《しょぞく》している集団《しゅうだん》を　　、それ以外《いがい》の集団《しゅうだん》を　　といいます。みなさんは、仲間《なかま》やクラスメートといった自分《じぶん》が所属《しょぞく》しているグループの人《ひと》たちのほうを、ほかのグループの人《ひと》たちよりも優《すぐ》れていると感《かん》じたり、自分《じぶん》に似《に》た特性《とくせい》があると思《おも》ったりしたことがあるのではないでしょうか？　こうした集団《しゅうだん》への所属意識《しょぞくいしき》から生《う》まれる評価《ひょうか》のゆがみや、身内《みうち》をひいきする心理傾向《しんりけいこう》を（　　）といいます。

内集団《ないしゅうだん》への所属意識《しょぞくいしき》が強《つよ》くなるほど、愛着《あいちゃく》や忠誠心《ちゅうせいしん》も高《たか》まって、内集団《ないしゅうだん》のメンバーを好意的《こういてき》にとらえたり、高《たか》く評価《ひょうか》するようになったりします。すると、逆《ぎゃく》に、外集団《がいしゅうだん》に対《たい》しては偏見《へんけん》や差別《さべつ》といった感情《かんじょう》を抱《いだ》いたり、自分《じぶん》とは異質《いしつ》な人々《ひとびと》と感《かん》じたりする　　が生《う》まれることもあります。

また、内集団《ないしゅうだん》でも、うまく溶《と》け込《こ》めない人《ひと》を仲間《なかま》として認《みと》めずに排除《はいじょ》しようとすることで、集団《しゅうだん》の一体感《いったいかん》を高《たか》めようとする心理《しんり》が働《はたら》きます。これを　　といいます。いじめの原因《げんいん》も、多《おお》くの場合《ばあい》はこの心理作用《しんりさよう》が原因《げんいん》ですが、誰《だれ》かを排除《はいじょ》しても、また別《べつ》の誰《だれ》かが黒《くろ》い羊《ひつじ》にされてしまうのです。

「黒《くろ》い羊効果《ひつじこうか》」は、白《しろ》い羊《ひつじ》のなかに紛《まぎ》れ込《こ》んだ黒《くろ》い羊《ひつじ》が、ほかの羊《ひつじ》たちから受《う》け入《い》れてもらえずに排除《はいじょ》されていくという、『聖書《せいしょ》』に書《か》かれているエピソードが由来《ゆらい》なんだって。

人は見たいもの
だけを見て
聞きたい
ことだけを
聞いて
信じたい
ことだけを
信じる。

間《げん》は、自分《じぶん》にとって都合《つごう》がよい情報《じょうほう》ばかりを集《あつ》めて、都合《つごう》の悪《わる》い情報《じょうほう》を無視《むし》したり、わざと見《み》ないようにしたりする傾向《けいこう》があります。これを心理学《しんりがく》では　　　　といいます。

血液型《けつえきがた》で人《ひと》の性格《せいかく》を判断《はんだん》することも、確証《かくしょう》バイアスの一種《いっしゅ》です。「A型《エーがた》の人《ひと》は几帳面《きちょうめん》」という確証《かくしょう》バイアスがある場合《ばあい》、A型《エーがた》のクラスメートがノートをきれいに取《と》っていたりすると、「やっぱりA型《エーがた》の人《ひと》は几帳面《きちょうめん》だな」とさらに思《おも》い込《こ》むのです。一方《いっぽう》で、同《おな》じA型《エーがた》の別《べつ》のクラスメートが教科書《きょうかしょ》やノートを雑《ざつ》に扱《あつか》っていても、これは例外《れいがい》だとして無視《むし》してしまうのです。

このように人間《にんげん》は、**すでに知《し》っていることを確認《かくにん》できると心地《ここち》よさを感《かん》じます。そのため、無意識《むいしき》のうちに自分《じぶん》の考《かんが》えに沿《そ》った情報《じょうほう》を簡単《かんたん》に受《う》け入《い》れ、反対《はんたい》の情報《じょうほう》を見《み》ないようにしてしまう**のです。

確証《かくしょう》バイアスに惑《まど》わされないためには、確証《かくしょう》バイアスが誰《だれ》にでもあることを知《し》り、また、さまざまな視点《してん》で情報《じょうほう》を収集《しゅうしゅう》したり、自分《じぶん》の考《かんが》えや知《し》っている情報《じょうほう》以外《いがい》にも別《べつ》の可能性《かのうせい》がないかを考《かんが》えたり、調《しら》べたりすることが大切《たいせつ》です。

確証《かくしょう》バイアス

ちなみに、血液型《けつえきがた》による性格《せいかく》の差《さ》があるということは、科学的《かがくてき》に証明《しょうめい》されていないんだって。

まちがえたので押《お》してください
でも…

ぼくはだれもきずつけたりしない…ハズ

自分《じぶん》の頭《あたま》で考《かんが》えないと
とんでもなく残虐《ざんぎゃく》な
ことをしてしまう
可能性《かのうせい》がある。

痛《いた》い
やめて
ギャー

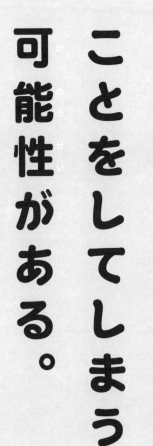

だって
やれって
いわれた
から…

二次世界大戦中《にじせかいたいせんちゅう》のナチスによるユダヤ人《じん》の虐殺《ぎゃくさつ》を知《し》っているという人《ひと》は多《おお》いと思《おも》います。この虐殺《ぎゃくさつ》の中心人物《ちゅうしんじんぶつ》だったアイヒマンは裁判《さいばん》の中《なか》で「単《たん》に命令《めいれい》に従《したが》っただけ」と言《い》いました。裁判《さいばん》の1年後《ねんご》、アメリカの心理学者《しんりがくしゃ》ミルグラムは、本当《ほんとう》に人《ひと》は命令《めいれい》されただけで残虐《ざんぎゃく》な行為《こうい》ができるのか疑問《ぎもん》を抱《いだ》き、　を行《おこな》いました。

ミルグラムは、「記憶《きおく》におよぼす罰《ばつ》の効果《こうか》」に関《かん》する実験《じっけん》と嘘《うそ》をついて集《あつ》めた人々《ひとびと》に、生徒《せいと》、教師《きょうし》という2つの役割《やくわり》を与《あた》えました。このうち、本当《ほんとう》の被験者《ひけんしゃ》は教師役《きょうしやく》の人《ひと》で、生徒役《せいとやく》の人《ひと》は実験《じっけん》の協力者《きょうりょくしゃ》でした。ミルグラムは、教師役《きょうしやく》の被験者《ひけんしゃ》に対《たい》して、生徒役《せいとやく》に学習課題《がくしゅうかだい》を出《だ》し、間違《まちが》えた場合《ばあい》は電気《でんき》ショックを与《あた》えるよう指示《しじ》しました。

実験《じっけん》を始《はじ》める前《まえ》は、極度《きょくど》に強《つよ》い電気《でんき》ショックを与《あた》えるのは全体《ぜんたい》の3％《パーセント》程度《ていど》の人々《ひとびと》だろうと予想《よそう》されていました。しかし実験《じっけん》の結果《けっか》、65％《パーセント》もの教師役《きょうしやく》が命令《めいれい》に従《したが》い、生徒役《せいとやく》に極度《きょくど》に強《つよ》い電気《でんき》ショックを与《あた》えました。**命令《めいれい》さえあれば多《おお》くの人《ひと》が残虐《ざんぎゃく》になることを、〝ふつうの人々《ひとびと》〟を被験者《ひけんしゃ》とした実験《じっけん》が証明《しょうめい》した**のです。

服従実験《ふくじゅうじっけん》　スタンレー・ミルグラム

この実験《じっけん》のときに使用《しよう》された電気《でんき》ショック発生装置《はっせいそうち》は、実際《じっさい》に電気《でんき》ショックを与《あた》えることはなく、生徒役《せいとやく》の人《ひと》たちは電気《でんき》ショックを受《う》けている演技《えんぎ》をしていたんだって。

たいへんだ!
ひとが
たおれてる!

「助けなきゃ」と
思っても
まわりに人が
いると、「誰かが
やるだろう」
と傍観者に
なってしまう。

だって
だれも
なにも
しない
から…

964年《ねん》、ニューヨークで1人《ひとり》の女性《じょせい》が殺《ころ》される事件《じけん》がありました。女性《じょせい》は大声《おおごえ》で助《たす》けを求《もと》めましたが、それに気《き》づいていた38人《にん》は誰《だれ》も助《たす》けに行《い》こうとせず、警察《けいさつ》へ通報《つうほう》すらしませんでした。

当時《とうじ》のマスコミは、これを「都会人《とかいじん》の冷淡《れいたん》さ」として報道《ほうどう》しました。しかし、社会心理学者《しゃかいしんりがくしゃ》のラタネとダーリーは、「**多《おお》くの人《ひと》がいたからこそ、逆《ぎゃく》に誰《だれ》も助《たす》けなかった**のではないか?」という疑問《ぎもん》を持《も》ち、以下《いか》の実験《じっけん》を行《おこな》いました。

実験《じっけん》では、「個人的問題《こじんてきもんだい》を話《はな》し合《あ》う実験《じっけん》」と称《しょう》し、参加者《さんかしゃ》を2人組《ふたりぐみ》や6人組《にんぐみ》といったグループに分《わ》けて、それぞれのグループ内《ない》で議論《ぎろん》させました。議論《ぎろん》は参加者《さんかしゃ》のプライバシーを守《まも》るために通話機《つうわき》を用《もち》い、その途中《とちゅう》で実験《じっけん》の協力者《きょうりょくしゃ》が突然発作《とつぜんほっさ》を起《お》こして苦《くる》しみだした場合《ばあい》、参加者《さんかしゃ》がどれぐらいの時間《じかん》でそのことを報告《ほうこく》するかを検証《けんしょう》したのです。

すると、2人《ふたり》のグループの場合《ばあい》は84%《パーセント》の被験者《ひけんしゃ》が3分以内《ぷんいない》に救助行動《きゅうじょこうどう》を起《お》こしましたが、6人《にん》のグループでは、わずか31%《パーセント》でした。こうして、ラタネとダーリーが仮説《かせつ》を立《た》てたが実証《じっしょう》されたのです。

傍観者効果《ぼうかんしゃこうか》

ビブ・ラタネ
ジョン・ダーリー

助《たす》けが必要《ひつよう》な人《ひと》を見《み》たら、まわりに人《ひと》が多《おお》いときこそ自分《じぶん》から率先《そっせん》して動《うご》かないといけないのかもね。

うわさはどう広《ひろ》まる？

うわさばなしがすきなひとっているよね

根《ね》も葉《は》もないうわさこそあれよあれよと広《ひろ》まっていく。

あいまいだからこそ
いいたくなるのかな

校《こう》や職場《しょくば》などで、根拠《こんきょ》のないうわさが突然広《とつぜんひろ》まった経験《けいけん》はありませんか？　オルポートとポストマンは、それを証明《しょうめい》するデータがないのに、人々《ひとびと》の口《くち》から耳《みみ》へと伝《つた》えられて、信《しん》じられてゆくことを「うわさ（　　）」と呼《よ》び、「　　　　」という法則《ほうそく》を導《みちび》き出《だ》しました。この法則《ほうそく》は、**うわさの広《ひろ》がり（R）は、その情報《じょうほう》の重要性《じゅうようせい》（i）と証拠《しょうこ》のあいまいさ（a）に比例《ひれい》する**ことを表《あらわ》しています。

1973年《ねん》、日本《にほん》でこの流言《りゅうげん》の法則《ほうそく》にあてはまる事件《じけん》が起《お》こりました。ある信用金庫《しんようきんこ》に就職《しゅうしょく》が決《き》まった女子高生《じょしこうせい》に友《とも》だちが、電車《でんしゃ》の中《なか》で「信用金庫《しんようきんこ》は危《あぶ》ないよ」と冗談《じょうだん》を言《い》ったところ、その地域《ちいき》で「あの信用金庫《しんようきんこ》がつぶれるらしい」といううわさがまたたく間《ま》に広《ひろ》まり、預金者《よきんしゃ》がその信用金庫《しんようきんこ》に殺到《さっとう》して20億円《おくえん》もの預《よ》金《きん》が引《ひ》き出《だ》されたのです。

このケースの場合《ばあい》、信用金庫《しんようきんこ》に預金《よきん》をしている人《ひと》にとっては「重要《じゅうよう》な情報《じょうほう》（i）」であり、同地域《どうちいき》では過去《かこ》に金融機関《きんゆうきかん》が破綻《はたん》したことがあったため、「証拠《しょうこ》のあいまいさ（a）」にリアリティが加《くわ》わり、あっという間《ま》にうわさが広《ひろ》がったと考《かんが》えられています。

流言《りゅうげん》（R～i×a）

ゴードン・オルポート
レオ・ポストマン

インターネットが普及《ふきゅう》したことで、うわさの広《ひろ》がるスピードや範囲《はんい》がますます大《おお》きくなってるんだって。悪《わる》いうわさにだまされないためにも、注意《ちゅうい》しなきゃね。

おもいでも
あやつられる…!!

人《ひと》は誘導《ゆうどう》されると実際《じっさい》には起《お》きていないことをまるで体験《たいけん》したかのように思《おも》い出《だ》す。

正《ただ》しい記《き》憶《おく》
小《ちい》さいころ
迷子《まいご》になったって
お母《かあ》さんに
きいたよ
そんな
ことも
あったな
虚《きょ》記《き》憶《おく》

は、**自分《じぶん》が経験《けいけん》したことに関係《かんけい》する間違《まちが》った情報《じょうほう》に触《ふ》れると、それにひっぱられて誤《あやま》った記憶《きおく》を持《も》つようになる**ことがあります。これを　　といいます。アメリカの認知心《にんちしん》理学者《りがくしゃ》ロフタスは、この虚記憶《きょきおく》が生《う》まれるメカニズムを証明《しょうめい》する実験《じっけん》を行《おこな》いました。

ロフタスは、被験者《ひけんしゃ》に自動車事故《じどうしゃじこ》の短《みじか》い動画《どうが》を見《み》せました。その後《ご》、「車《くるま》が激突《げきとつ》したとき、どのくらいの速度《そくど》で走《はし》っていましたか」と質問《しつもん》しました。別《べつ》の被験者《ひけんしゃ》には、同《おな》じ質問《しつもん》を「激突《げきとつ》した」という言葉《ことば》の代《か》わりに、「衝突《しょうとつ》した」「ぶつかった」「接触《せっしょく》した」といった違《ちが》う言葉《ことば》を使《つか》って問《と》いかけました。すると、「激突《げきとつ》した」という言葉《ことば》で質問《しつもん》した被験者《ひけんしゃ》が答《こた》えた速度《そくど》が、もっとも速《はや》いという結果《けっか》になりました。つまり、質問《しつもん》するときの言葉《ことば》の違《ちが》いによって、被験者《ひけんしゃ》の記憶《きおく》が変化《へんか》したのです。

また、ロフタスは同様《どうよう》の実験《じっけん》で「割《わ》れたガラスを見《み》ましたか？」という質問《しつもん》をしたところ、実際《じっさい》にはガラスが割《わ》れる場面《ばめん》はなかったにもかかわらず、「激突《げきとつ》した」という言葉《ことば》を使《つか》って質《しつ》問《もん》した被験者《ひけんしゃ》のほうが、「ぶつかった」という言葉《ことば》を使《つか》った場合《ばあい》より多《おお》く「はい」と答《こた》えました。

虚記憶《きょきおく》

エリザベス・ロフタス

罪《つみ》がないのに疑《うたが》われる冤罪事件《えんざいじけん》の多《おお》くは、目撃者《もくげきしゃ》の間違《まちが》った記憶《きおく》が原因《げんいん》で発生《はっせい》することがあるんだってさ。

ナゾの記《き》憶《おく》
オレむかし、
宇宙人《うちゅうじん》にさらわれたんだ
ウソか
虚《きょ》記《き》憶《おく》か…
UFO《ユーフォー》につれていかれて
胴《どう》上《あ》げされた
…
ホントか？
ホントだ

第《だい》5章《しょう》

幸《しあわ》せになるための心《しん》理《り》学《がく》

理《り》想《そう》自《じ》己《こ》って何《なに》？

めざすじぶんのすがたがあるのはいいこと

理想《りそう》の自分《じぶん》と現実《げんじつ》の自分《じぶん》の埋《う》まらない差《さ》を感《かん》じて心《こころ》が疲《つか》れてしまう。

人《ひと》は理想的《りそうてき》な自分《じぶん》になりたい！

なんで
おいつけ
ないんだろ

みなさんの「理想《りそう》の自分《じぶん》」は、どんなイメージですか？　楽器《がっき》が演奏《えんそう》できる、英語《えいご》が得意《とくい》、小顔《こがお》でスタイル抜群《ばつぐん》、てきぱき仕事《しごと》ができる……など、人《ひと》によってさまざまでしょう。

誰《だれ》もが抱《いだ》く「こうありたい自分《じぶん》」のことを、アメリカの臨床心理《りんしょうしんり》学者《がくしゃ》ロジャーズは**理想自己**《りそうじこ》と呼《よ》び、理想自己《りそうじこ》と**現実自己**《げんじつじこ》（実際《じっさい》の自分《じぶん》）に大《おお》きくズレがある人《ひと》は精神的《せいしんてき》に不安定《ふあんてい》な状態《じょうたい》にあると考《かんが》えました。

　この状態《じょうたい》から抜《ぬ》け出《だ》すために重要《じゅうよう》なのは、理想自己《りそうじこ》と現実自己《げんじつじこ》を一致《いっち》させることではなく、**理想自己《りそうじこ》に向《む》けて努力《どりょく》をする一方《いっぽう》で、現実《げんじつ》を受《う》け入《い》れて理想自己《りそうじこ》を部分的《ぶぶんてき》に手放《てばな》すなどして、心《こころ》のバランスを取《と》る**ことです。

　とはいえ、10代《だい》は自分《じぶん》と向《む》き合《あ》う時期《じき》なので、理想自己《りそうじこ》と現実自己《げんじつじこ》のギャップに悩《なや》むのは当《あ》たり前《まえ》のことです。また、理想自己《りそうじこ》を実現《じつげん》しようと努力《どりょく》する気持《きも》ちも芽生《めば》えるので、ギャップを感《かん》じることは自分自身《じぶんじしん》の成長《せいちょう》の力《ちから》にもなります。

　心《こころ》の平穏《へいおん》のためには、ときには理想《りそう》と現実《げんじつ》のズレに折《お》り合《あ》いをつけることも必要《ひつよう》ですが、成長《せいちょう》のために理想《りそう》と現実《げんじつ》のズレを埋《う》めることも大切《たいせつ》です。

語　理想自己《りそうじこ》と現実自己《げんじつじこ》

人　カール・ロジャーズ

本人《ほんにん》が抱《いだ》く理想自己《りそうじこ》と、家族《かぞく》や恋人《こいびと》などに期待《きたい》される理想《りそう》とのギャップも心《こころ》の葛藤《かっとう》の原因《げんいん》になるんだって。そうした状態《じょうたい》を「自己不一致《じこふいっち》」というみたい。

心《こころ》の病気《びょうき》がある？

さいきん
なんか
へんかも

うつ病《びょう》は脳《のう》の異常《いじょう》によりおきる病気《びょうき》。悩《なや》みや不安《ふあん》にずっと囚《とら》われてしまう。

10人《にん》に1人《ひとり》がうつ病《びょう》になる!

つかれてるのに
ねむれない

うつ病《びょう》という心《こころ》の病気《びょうき》を知《し》っていますか? うつ病《びょう》は、**感《かん》情《じょう》が正《ただ》しく機能《きのう》しなくなる状態《じょうたい》が続《つづ》く気分障害《きぶんしょうがい》の1つで、脳《のう》の神経伝達物質《しんけいでんたつぶっしつ》(セロトニンなど)が減《へ》ることで発症《はっしょう》する**と考《かんが》えられています。うつ病《びょう》のなかでも、もっとも発症《はっしょう》する人《ひと》が多《おお》いのが**大《だい》うつ病性障害《びょうせいしょうがい》**で、10人《にん》に1人《ひとり》程度《ていど》が経験《けいけん》するといわれています。

うつ病《びょう》になると、気分《きぶん》が落《お》ち込《こ》んだり、何《なに》ごとにも興味《きょうみ》や喜《よろこ》びを感《かん》じられなくなったりします。また、睡眠障害《すいみんしょうがい》や食欲《しょくよく》の低下《ていか》や増加《ぞうか》、集中力《しゅうちゅうりょく》の低下《ていか》、けだるい感《かん》じや疲《つか》れ、頭痛《ずつう》、肩《かた》こりといった症状《しょうじょう》が現《あらわ》れる場合《ばあい》もあります。うつ病《びょう》のきっかけは人《ひと》それぞれですが、親《した》しい人《ひと》を失《うしな》ったり、人間関係《にんげんかんけい》のトラブルに巻《ま》き込《こ》まれたりといった環境《かんきょう》によるものが多《おお》いとされています。また、几帳面《きちょうめん》さや完璧主義《かんぺきしゅぎ》、ストレスをためやすいといった性格的《せいかくてき》なもののほか、遺伝《いでん》、うつ病以外《びょういがい》の病気《びょうき》なども原因《げんいん》になることがあります。

うつ病《びょう》の治療《ちりょう》は薬《くすり》による**薬物療法《やくぶつりょうほう》**とカウンセリングなどの**精《せい》神療法《しんりょうほう》**が中心《ちゅうしん》ですが、しっかりと心身《しんしん》を休《やす》めることも重要《じゅうよう》な治《ち》療《りょう》の1つとされています。

語 **うつ病《びょう》**

大《だい》うつ病性障害《びょうせいしょうがい》になる人《ひと》は、女性《じょせい》のほうが男性《だんせい》より2倍《ばい》くらい多《おお》いんだって。

心《こころ》をあつかうプロがいる?

こんなにしゅるいがあるんだ
精神科医《せいしんかい》
精神保健福祉士《せいしんほけんふくしし》
心療内科医《しんりょうないかい》
臨床心理士《りんしょうしんりし》
医療機関《いりょうきかん》
公認心理師《こうにんしんりし》
学校《がっこう》
心理学者《しんりがくしゃ》
大学《だいがく》
法務技官《ほうむぎかん》
少年鑑別所《しょうねんかんべつしょ》
家庭裁判所調査官《かていさいばんしょちょうさかん》
裁判所《さいばんしょ》

人《ひと》の心《こころ》にかかわる職業《しょくぎょう》に公認心理師《こうにんしんりし》や精神科医《せいしんかい》などがある。

心《こころ》に関《かか》わる仕事《しごと》がある！

こころのせんもんかにきいてみよう

心《こころ》に関《かか》わるさまざまな仕事《しごと》のうち、ここでは**公認心理師《こうにんしんりし》と精神科医《せいしんかい》**を紹介《しょうかい》します。公認心理師《こうにんしんりし》は、２０１７年《ねん》に施《し》行《こう》された「公認心理師法《こうにんしんりしほう》」によって誕生《たんじょう》した、心理職《しんりしょく》における初《はじ》めての国家資格《こっかしかく》です。一方《いっぽう》、精神科医《せいしんかい》は国家資格《こっかしかく》である医師免《いしめん》許《きょ》を持《も》つ人《ひと》がなれる医師《いし》の職種《しょくしゅ》の1つです。

公認心理師《こうにんしんりし》の仕事《しごと》は、心理学《しんりがく》の知識《ちしき》や技能《ぎのう》をもとにしたカウンセリングが中心《ちゅうしん》で、心《こころ》の健康《けんこう》に関《かん》する知識《ちしき》の普及《ふきゅう》を目的《もくてき》とした教育《きょういく》や情報提供《じょうほうていきょう》なども行《おこな》います。公認心理師《こうにんしんりし》の勤務先《きんむさき》は、病《びょう》院《いん》やクリニック（診療所《しんりょうじょ》）、児童相談所《じどうそうだんじょ》や企業《きぎょう》の健康管理室《けんこうかんりしつ》のほか、**スクールカウンセラー**として学校《がっこう》で働《はたら》く例《れい》も多《おお》いです。

精神科医《せいしんかい》の仕事《しごと》は、精神疾患《せいしんしっかん》（心《こころ》の病《やまい》）の患者《かんじゃ》と向《む》き合《あ》い、**精《せい》神医学《しんいがく》**の知識《ちしき》を活《い》かして診断《しんだん》や治療《ちりょう》といった医療行為《いりょうこうい》を行《おこな》うことです。勤務先《きんむさき》は病院《びょういん》やクリニックが主《しゅ》ですが、自治体《じちたい》の精神《せいしん》保健福祉《ほけんふくし》センターや、企業《きぎょう》の産業医《さんぎょうい》として勤務《きんむ》する場合《ばあい》もあります。精神科医《せいしんかい》は、心《こころ》の病《やまい》を抱《かか》える人《ひと》たちを対象《たいしょう》とした診断《しんだん》・治療《ちりょう》が主《しゅ》になります。

公認心理師《こうにんしんりし》と精神科医《せいしんかい》の2つの職業《しょくぎょう》はまったく異《こと》なりますが、どちらも大切《たいせつ》な仕事《しごと》です。

語 **公認心理師《こうにんしんりし》／精神科医《せいしんかい》**

2017年《ねん》に国家資格《こっかしかく》である公認心理師《こうにんしんりし》が誕生《たんじょう》するまでは、民間資格《みんかんしかく》である臨床心理士《りんしょうしんりし》が、心理職《しんりしょく》の最上位職《さいじょういしょく》とされていたんだ。

認《にん》知《ち》療《りょう》法《ほう》って何《なに》？

こころにもクセはある

モノの見方《みかた》や考《かんが》え方《かた》に働《はたら》きかけて気《き》持《も》ちを楽《らく》にする心《こころ》の治《ち》療《りょう》法《ほう》がある。

認知のゆがみを治《なお》す療法《りょうほう》！

クセを
りかいして
うけ
いれる

認《にん》知療法《ちりょうほう》は、患者《かんじゃ》のものの受《う》け取《と》り方《かた》や考《かんが》え方《かた》（認知《にんち》）に働《はたら》きかけて、気持《きも》ちを楽《らく》にする心理療法《しんりりょうほう》です。現在《げんざい》は、行《こう》動《どう》に働《はたら》きかけて問題《もんだい》を解消《かいしょう》する**行動療法《こうどうりょうほう》**と合《あ》わせて、**認知行動《にんちこうどう》療法《りょうほう》**と呼《よ》ばれることもあります。

認知療法《にんちりょうほう》では、患者《かんじゃ》の心《こころ》を不安定《ふあんてい》にしている原因《げんいん》となっている**認知《にんち》のゆがみ**を見《み》つけ、それと向《む》き合《あ》い、適切《てきせつ》な認知《にんち》を引《ひ》き出《だ》すことで不安感《ふあんかん》や症状《しょうじょう》を解消《かいしょう》していきます。とくに**うつ病《びょう》**の治療《ちりょう》に効果的《こうかてき》といわれており、その他《ほか》にも**不安障害《ふあんしょうがい》**や**不眠症《ふみんしょう》**、**摂食障害《せっしょくしょうがい》**、**統合失調症《とうごうしっちょうしょう》**など多《おお》くの**精神疾患《せいしんしっかん》**や、アルコールや薬《やく》物《ぶつ》への依存《いぞん》などに対《たい》する治療効果《ちりょうこうか》が実証《じっしょう》されています。

認知療法《にんちりょうほう》のほかにも、世界《せかい》には４００種類以上《しゅるいいじょう》の心理療法《しんりりょうほう》があるといわれており、それらの理論《りろん》や技法《ぎほう》を整理《せいり》し、組《く》み合《あ》わせながら活用《かつよう》する動《うご》きが活発《かっぱつ》になってきています。

社会《しゃかい》の複雑化《ふくざつか》とともに患者《かんじゃ》の心《こころ》の不調《ふちょう》やストレスおよびその原因《げんいん》も複雑化《ふくざつか》しています。心理療法《しんりりょうほう》の専門家《せんもんか》は、心理的《しんりてき》な面《めん》の専門性《せんもんせい》だけでなく、生物学的《せいぶつがくてき》、社会的《しゃかいてき》な分野《ぶんや》の知識《ちしき》や視点《してん》を持《も》つことも求《もと》められています。

語 **認知療法《にんちりょうほう》**

日本《にほん》で生《う》まれた心理療法《しんりりょうほう》として森田療法《もりたりょうほう》と内観療法《ないかんりょうほう》というものがよく知《し》られているよ。禅《ぜん》や仏教《ぶっきょう》といった伝統的《でんとうてき》な日本文化《にほんぶんか》が色濃《いろこ》く反映《はんえい》されているんだって。

マインドフルネスって何《なに》？

こころがどうしてもモヤモヤしたら

マインドフルネスは心《こころ》の病気《びょうき》を治《なお》し生活《せいかつ》の質《しつ》を上《あ》げる心理療法《しんりりょうほう》。

西洋《せいよう》と東洋《とうよう》の考《かんが》え方《かた》の融合《ゆうごう》！

ためしてみよう

マインドフルネスは、マサチューセッツ大学《だいがく》のカバットジンが、**ストレスを減《へ》らすためのプログラムとして創始《そうし》した心理学的治療法《しんりがくてきちりょうほう》の1つ**です。

マインドフルネスは、西洋《せいよう》の心理療法《しんりりょうほう》と東洋《とうよう》の仏教哲学《ぶっきょうてつがく》の考《かんが》えを組《く》み合《あ》わせたもので、ストレスを減《へ》らすだけでなく、不眠《ふみん》や疲《つか》れ、頭痛《ずつう》などを良《よ》くしたり、不安症《ふあんしょう》やうつ病《びょう》などの治療《ちりょう》、さらに健康《けんこう》な人《ひと》の生活《せいかつ》の質《しつ》を高《たか》める効果《こうか》があるといわれています。マインドフルネスとは「精神《せいしん》を集中《しゅうちゅう》する」という意味《いみ》で、ヨガと瞑想《めいそう》を基本《きほん》としているところに特徴《とくちょう》があります。カバットジンは日本《にほん》の仏教哲学者《ぶっきょうてつがくしゃ》の鈴木大拙《すずきだいせつ》の禅《ぜん》の考《かんが》え方《かた》に影響《えいきょう》を受《う》け、**仏教《ぶっきょう》を宗教《しゅうきょう》ではなく、人間《にんげん》の悩《なや》みを解決《かいけつ》するための精神科学《せいしんかがく》としてとらえ、心理療法《しんりりょうほう》に応用《おうよう》しました。**

みなさんもマインドフルネスに挑戦《ちょうせん》することができます。座《ざ》布団《ぶとん》の上《うえ》にあぐらをかいて5分間《ふんかん》、息《いき》を吸《す》い、吐《は》くという自分《じぶん》の呼吸《こきゅう》だけに全意識《ぜんいしき》を集中《しゅうちゅう》してみましょう。注意《ちゅうい》がそれ始《はじ》めたら、またすぐに、自分《じぶん》の呼吸《こきゅう》に意識《いしき》を戻《もど》すようにしましょう。これを毎日《まいにち》、習慣的《しゅうかんてき》に続《つづ》けるだけでもマインドフルネスの実践《じっせん》になります。

語 **マインドフルネス**

人 **ジョン・カバットジン**
鈴木大拙《すずきだいせつ》

マインドフルネス瞑想《めいそう》は、歩《ある》いているときや食事《しょくじ》をするときなど、自分《じぶん》が行《おこな》っている動作《どうさ》や感覚《かんかく》に意識《いしき》を集中《しゅうちゅう》させることで実践《じっせん》できるんだって。

幸《こう》福《ふく》になるには？

何《なに》かに没頭《ぼっとう》すると
幸《こう》福《ふく》度《ど》がぐーんと上《あ》がる。

なにかをたのしんでるひとはキラキラしてる
高
挑戦《ちょうせん》レベル
覚醒《かくせい》
フロー
心配《しんぱい》
不安《ふあん》
コントロール
無感動《むかんどう》
退屈《たいくつ》
リラックス
スキルレベル
高

“集中《しゅうちゅう》”が人生《じんせい》を充実《じゅうじつ》させる！

ちょうどいいなんいどがカギ

ゲームやスポーツ、読書《どくしょ》や勉強《べんきょう》などに、時間《じかん》を忘《わす》れるくらいに集中《しゅうちゅう》したことはありますか？

ハンガリー出身《しゅっしん》のアメリカの心理学者《しんりがくしゃ》チクセントミハイは、**何《なに》かに夢中《むちゅう》になるあまり我《われ》を忘《わす》れた状態《じょうたい》になって、高《たか》い集中《しゅうちゅう》力《りょく》を発揮《はっき》したり、満足感《まんぞくかん》の高《たか》まりを感《かん》じたりしている状態《じょうたい》をフローと名《な》づけました。**

フロー状態《じょうたい》の人《ひと》は、目《め》の前《まえ》の1つのことに集中《しゅうちゅう》しているため、「自分《じぶん》がどんな状態《じょうたい》か」「人《ひと》からどう見《み》られるか」といった自意識《じいしき》が薄《うす》れてしまい、時間感覚《じかんかんかく》もなくなるといわれています。スポーツ選手《せんしゅ》が通常以上《つうじょういじょう》のパフォーマンスを発揮《はっき》したときに「ゾーンに入《はい》った」ということがありますが、それと同《おな》じ状態《じょうたい》と考《かんが》えていいでしょう。

フロー体験《たいけん》は、誰《だれ》にでも起《お》こりうる体験《たいけん》です。チクセントミハイは、フロー状態《じょうたい》に入《はい》るためには、「達成目標《たっせいもくひょう》があること」「課題《かだい》が適度《てきど》に困難《こんなん》であること」「フィードバック（評価《ひょうか》）があること」という3つの条件《じょうけん》が必要《ひつよう》であると説《と》いています。近年《きんねん》は、このフローが人生《じんせい》を充実《じゅうじつ》させ、人間《にんげん》を幸福《こうふく》にするものとして注目《ちゅうもく》されています。

語 フロー　人 ミハイ・チクセントミハイ

チクセントミハイは、内発的動機《ないはつてきどうき》づけの研究《けんきゅう》をするなかで、フローという概念《がいねん》を思《おも》いついたんだって。

集中《しゅうちゅう》しすぎ注意《ちゅうい》
はっ
た…高《たか》い～

主な参考文献

『最新 心理学事典』（平凡社）
『心理学辞典』（有斐閣）
『心理学』（有斐閣）
『図解 心理学用語大全』（誠文堂新光社）
『心理学ビジュアル百科』（創元社）
『図鑑心理学』（ニュートンプレス） ほか

さくいん

イラスト学問図鑑
シリーズについて

世界《せかい》はいつも変化《へんか》しています。新《あたら》しい科学技術《かがくぎじゅつ》の発明《はつめい》は私《わたし》たちの生活《せいかつ》を豊《ゆた》かにし、新《あたら》しい芸術《げいじゅつ》や思想《しそう》の発展《はってん》は私《わたし》たちの心《こころ》を豊《ゆた》かにしてくれます。しかし、今《いま》は、みんなが信《しん》じられる〝何《なに》か〟を見《み》つけることが難《むずか》しい時代《じだい》になりました。また、人《ひと》びとの間《あいだ》で格差《かくさ》が広《ひろ》がったり、埋《う》められない考《かんが》え方《かた》の違《ちが》いが生《う》まれたりすることで、争《あらそ》いが絶《た》えない状態《じょうたい》でもあります。

こうした世界《せかい》の進歩《しんぽ》と課題《かだい》に向《む》き合《あ》い、私《わたし》たちの生活《せいかつ》を少《すこ》しでもよくすることを目指《めざ》しているのが学問《がくもん》です。

「イラスト学問図鑑《がくもんずかん》」シリーズは、そんな学問《がくもん》を子《こ》どもから大人《おとな》まで、みんなが教養《きょうよう》として楽《たの》しみ、日々《ひび》の生活《せいかつ》のちょっとしたヒントにしてもらうことを願《ねが》って企画《きかく》されました。学問《がくもん》というと、研究者《けんきゅうしゃ》たちが大学《だいがく》で取《と》り組《く》んでいる〝難《むずか》しいもの〟と感《かん》じる人《ひと》も多《おお》くいるかもしれません。しかし、「イラスト学問図鑑《がくもんずかん》」は文字通《もじどお》りイラストとわかりやすい文章《ぶんしょう》で、誰《だれ》でも学問《がくもん》に入門《にゅうもん》できるように工夫《くふう》しています。

読者《どくしゃ》のみなさんの中《なか》には、まだ大学《だいがく》に入《はい》る前《まえ》の人《ひと》もいるでしょう。そんなみなさんには、小学校《しょうがっこう》や中学校《ちゅうがっこう》、高校《こうこう》での勉強《べんきょう》が、将来《しょうらい》、学問《がくもん》を学《まな》び、活用《かつよう》するために生《い》きることを想像《そうぞう》しながら本《ほん》を楽《たの》しんでもらえるとうれしく思《おも》います。学問《がくもん》を知《し》ることが、「なんで学校《がっこう》に行《い》くんだろう？」「勉強《べんきょう》なんて何《なん》の役《やく》に立《た》つんだろう？」、そう思《おも》ったことがある人《ひと》への1つの答《こた》えになるはずです。

また、大学生《だいがくせい》や大人《おとな》の読者《どくしゃ》の方《かた》もいるでしょう。そんなみなさんには、知的《ちてき》なことを知《し》る喜《よろこ》びを体験《たいけん》し、明日《あした》からの生活《せいかつ》に学問《がくもん》を生《い》かしてもらえるとうれしく思《おも》います。本書《ほんしょ》で学《まな》んだ学《がく》問《もん》には生活《せいかつ》に直結《ちょっけつ》しづらいものもあるかもしれません。しかし、「生活《せいかつ》に生《い》かす」とは、必《かなら》ずしも生活《せいかつ》を便利《べんり》にすることだけではありません。学問《がくもん》を学《まな》ぶことで教養《きょうよう》が深《ふか》まり、それが心《こころ》を豊《ゆた》かにしたり、人《ひと》との会話《かいわ》に奥行《おくゆ》きを与《あた》えたりしてくれるはずです。学問《がくもん》に興味《きょうみ》を持《も》ったすべての人《ひと》が、本書《ほんしょ》を通《とお》して希望《きぼう》と夢《ゆめ》を持《も》ち、人生《じんせい》にわくわくできるようになることを願《ねが》っています。

——君《きみ》が求《もと》めるものはここにある ***(quod petis hic est)***

編集《へんしゅう》部《ぶ》

KODOMO PSYCHOLOGY

監修《かんしゅう》

小塩真司

おしお あつし

1972年生まれ。名古屋大学教育学部卒業、同大学院教育学研究科博士課程前期課程・後期課程修了。博士（教育心理学）。中部大学人文学部講師、助教授、准教授を経て、2012年4月より早稲田大学文学学術院准教授、2014年4月より教授。専門は発達心理学、パーソナリティ心理学。

イラスト

モドロカ

大阪生まれ、和歌山在住。イラスト・デザインを手掛けた書籍に『世界がぐっと近くなるSDGsとボクらをつなぐ本』（Gakken）など。

イラスト学問図鑑《がくもんずかん》

こども心理学《しんりがく》

2024年　3月　4日　第1刷発行

監修…小塩真司《おしおあつし》
編……講談社《こうだんしゃ》
イラスト・デザイン…モドロカ
発行者…森田浩章
発行所…KODANSHA
株式会社講談社
〒112-8001
東京都文京区音羽2-12-21
電話　**編集** 03-5395-3536
　　　販売 03-5395-3625
　　　業務 03-5395-3615
印刷所…株式会社KPSプロダクツ
製本所…大口製本印刷株式会社
データ制作…マイム

本書は書き下ろしです。　N.D.C. 140 99p 21cm　©Kodansha 2024　Printed in Japan　ISBN 978-4-06-534660-0